比較でわかる
プロマネ技術

小浜 耕己 著

日経 SYSTEMS

日経BP社

はじめに

　プロジェクトは生き物だと、よく言われます。最近改めて、その通りだと思うことが多くなりました。

　筆者は、全社的なPMO（Project Management Office）として、日々、多くのプロジェクトに接する立場にあります。その立場から見ると、ただの生き物ではなく、瞬く間に姿を変える能力を持つ「魔物」に類するのではないかとさえ思えてきます。順風満帆に見えていたプロジェクトが、不意に深刻な危機に陥る。あるいは、回復不能なダメージを受けていたはずのプロジェクトが、いつの間にか平常に進み始める。思いもよらないリスクが発現するプロジェクトもあれば、心配していた割には平穏に推移してしまうプロジェクトもある。十年近くもプロジェクトを見続けていてなお、その振る舞いには驚かされることが多いのです。

　なぜ、そうなるのだろうと考えると、客観視と冷静さを維持することの重要さが見えてきます。プロジェクトに深く関われば関わるほど、期待や思い入れ、不安や先入観が紛れ込みやすくなります。痛みを伴う抜本的な対策を打てば、何とか効果を上げてくれという祈るような気持ちになりますし、目の前に立ちはだかる問題は、実際以上に大きく恐ろしく見えるものです。第三者の視点を維持すべきPMOでも、担当するプロジェクトには思い入れがありますから、どうかすると現実を見誤り、期待や不安の念が膨れ上がったり、必要以上に関係者に肩入れしたくなったりしてしまいます。プロジェクトに直接関わり、日々ステークホルダー（利害関係者）やプロジェクトメンバーと接するプロジェクトマネジャーの立場なら、なおさらそうでしょう。

　だからこそ、努めて客観視と冷静さを維持する必要があるのです。いったん頭をクールダウンし、一歩離れて冷静に現況を見極める。苦労して徹夜で立案した対策であったとしても、本当に功を奏するだろうかと考える。萎縮してしまいそうな大問題に対しても、ひるまずに真のインパクトを見極めようとする。突進する前に立ち止まる余裕を持たないと、プロジェクトの混迷は深まるばかりです。

はじめに

　客観視と冷静さ——繰り返し指摘されるこのポイントは、教科書的で当たり前のことなのかもしれません。しかし、繰り返し指摘されるという事実そのものが、簡単には実行できないということを示しています。実は今、「当たり前のこと」を言い出したのは、この本の原稿を読み直していて、筆者自身の最近のPMO業務について、気付きや反省が数多く湧いてきたからです。

　本書では、プロジェクトの特性を両極端に分けて、それぞれのケースで陥りがちな思い込みを排除する考え方を述べています。時には、あえて常識とは逆の見方を示してみました。雑誌連載時には、一歩引いた立場で執筆していますから、ある程度客観的な視点を維持できていると思います。ところが、自分で立派なことを書いておきながら、一歩プロジェクトの渦中へ飛び込むと、たちまち現実を見誤ってしまって、分かっていたはずの失敗を繰り返しそうになるのです。

　読者の皆さんにも、本書をリマインダーとして利用していただければと思います。是非とも座右に置いて、ご自分のプロジェクトに別の角度から光を当ててみてください。残念ながら、本書だけですべての問題に正解を出すことはできないかもしれません。しかし、今、自分は思い込みに陥って、迷い道に踏み込みかけていないか、冷静で客観的な視点を失いかけていないか、それを点検する役には必ず立つはずです。

　当の筆者にとっても、本書は仕事を見直す良いきっかけになりました。そして、PMOとしても、まだまだ修行は続くな、と、改めて自覚するに至りました。本書が、読者の皆さんと、担当されるプロジェクトのお役に立つことを祈っています。

2014年2月吉日
小浜 耕己

CONTENTS

はじめに ………………………………………………………………… 2

第1章　小規模と大規模 ……………………………………………… 6
簡素化しすぎて失敗招く、大規模は計画変更に備える

第2章　パッケージとスクラッチ …………………………………… 18
経験過信し追加開発が増大、スクラッチは目的を明確に

第3章　アプリケーションと基盤 …………………………………… 30
アプリ偏重で失敗を招く、システム全体に網をかけよう

第4章　保守と新規 …………………………………………………… 42
「慣れ」が曖昧さを生む、不明点は計画でつぶそう

第5章　内製と外注 …………………………………………………… 54
育成の実態はほったらかし、要求スキルは事前合意を

第6章　既存ユーザーと新規ユーザー ……………………………… 66
建前だけの役割分担は危険、自ら情報を取りにいく

第7章　立ち上げとクロージング …………………………………… 78
情報は待たずに作り出し、完了判定は基準を守る

CONTENTS

第8章　平常時と非常時 90
平常時こそ決断が大事、非常時は周りの声を聞こう

第9章　専任と兼任 102
役割を集中させ過ぎ停滞、兼任時こそ対話を増やそう

第10章　提案・企画時と遂行時 114
「とりあえず提案」が危険、遂行時は制約にとらわれない

第11章　育成モードと相談モード 126
育成にはコストがかかる、エキスパートに頼り過ぎない

第12章　プロジェクトとプログラム 138
他のプロジェクトにも配慮、"モグラたたき"の対策はしない

索引 151

本書は、日経SYSTEMS2011年10月号〜2012年9月号に掲載した
連載講座「比較でわかるプロマネ技術」をベースに加筆・修正したものです。

第1章 小規模と大規模

簡素化しすぎて失敗招く
大規模は計画変更に備える

一つひとつ異なるプロジェクト。あるべきマネジメントの仕方はプロジェクトごとに違う。本書では、特徴的な二つのプロジェクトを見比べ、失敗に陥らないために注意すべきポイントを探っていく。

「独自の価値創造活動」であるプロジェクトは、一つひとつ異なります。目的や期間、対象業務、体制、実現手段などが違えば、マネジメントのやり方も変わってきます。とはいえ、いくつかの切り口でプロジェクトをカテゴライズすると、共通するマネジメントのポイントも見えてきます。第1章では、「規模」という切り口にスポットを当て、2人のプロジェクトマネジャー（PM）のやり方を見ていきましょう。規模の小さなプロジェクトと大きなプロジェクト。それぞれどんなマネジメントが求められるでしょうか。

小規模プロジェクト 「成果物の数字だけ報告してね」

「今回のプロジェクトは、変更範囲はほぼ見えています。実装と検証がメインになるから、進捗管理は小日程表だけを使いましょう。大下さんには画面系、栗原さんにはバッチ・帳票系を担当してもらいます。成果物の数字だけ、報告してもらえばいいわ。きれいな進捗報告書はいらないから」
　社員貸付管理システム改修プロジェクトの社内キックオフミーティングで、PMの城下咲江はこう宣言した。期間4カ月、工数にして15人月という、比較的小規模なプロジェクト。期間には余裕はなく、アサインできたリソースはギリギリの数だ。城下もSE兼任だから、煩雑なマネジメントでは仕事が回らなくなる。幸い、メンバーはベテランぞろい。協力会社の1人を除く4人は、城下を含め、福利厚生系システムの保守開発を3年から5年担当してきた仲間たち。新顔のメ

ンバー1人に目を配っておけば、大きな問題はないはずだ。5人では手が回りそうになかったデータ投入と検証は、運用チームに任せられることになっている。
「賛成です。大した改修じゃないですから、煩雑な管理帳票なしで済むなら、効率的に進むでしょう」
　PMの1年後輩に当たる栗原が早速答える。
　城下は、我が意を得たりというふうにうなずいた。
「タスクの組み直しや担当替えは、2人が最適と思うように切り回してね。熊田さんには画面系を担当してもらうから、大下さんが面倒を見てあげて」
　新顔の熊田は、やや自信なさそうにしている。
「気になることがあったら、早めに大下さんに相談してね。課題管理表は、発生の都度、各自で記入すること。変更や問題もこれ一本で管理します。変更が確定したら、担当を割り当てて小日程に管理を移す」
　城下の言葉に、大下は渋い顔をした。
「それだと見えにくくなりませんか」
　ここは大下の顔を立て、城下はうなずいた。
「確かに。でも、小規模な改修だから、乗り切れるでしょう。タイムリーに情報共有していきましょう」

　小規模プロジェクトの場合、大規模プロジェクト並みの緻密な管理を実施するのは難しい場合があります。従って、管理をなるべく簡素化したいという城下さんの方針は理解できなくはありません。ただし、プロジェクトの規模とリスクが比例しているわけではありませんから、簡素化に際しては、細心の注意を払う必要があります。このプロジェクトがどういう経緯をたどるか、見ていくことにしましょう。

　進捗会議の場で、栗原が頭をかいた。
「結合テストが遅れています。今週完了予定の17機能中、まだ5機能しか終わっていなくて」
　城下の顔に、朱の色が上った。
「待って。先週、進捗は順調で、予定通り結合テストに入ってるって報告したば

かりでしょ。どうして？」
「この前の詳細設計書レビューで多くの機能に抜けが見つかったと報告しましたよね。急きょ修正して結合テストに入ったんですが、詳細設計書とテスト仕様書の不整合で、テストがなかなか進まないんです」
　城下は、進捗報告書の成果物数を見直した。
「テスト仕様書も詳細設計書も、すべて出来上がってることになっているけど、これは嘘だったの？」
　問い詰められて、栗原の頬も紅潮した。
「どちらもいったんは出来上がったんですが、詳細設計の抜けをキャッチアップするのにプログラム修正を優先しまして、仕様書や設計書まで手が回らず…」
　城下は、栗原の顔をにらみつけた。
「データ投入と検証は運用チームに無理を言ってやってもらってるのよ。テスト仕様書も設計書も不備だったら彼らも検証できるわけがないわ」
　城下の言葉に、栗原は肩を落としてうなだれた。
「自分でキャッチアップするつもりが、別件のトラブルに手こずってしまって…すみません」
　城下は、何とか穏やかな口調を取り戻して、言った。
「テストを進めなくちゃいけないわね。大下さん、データ投入のほう、応援してもらえないかしら」
　大下は、熊田と顔を見合わせてから、答えた。
「無理です。熊田さん担当の簡単な画面はほぼ順調ですけど、まだレビューが済んでいませんし、貸付申請と融資実行も含めて大物が三つ残っています」
　栗原が、遠慮がちに口を挟んだ。
「運用チームから応援をもらえないでしょうか」
　城下は考えた。栗原以外にレビュー後のドキュメント整備を担当できるメンバーはいない。運用チームも即戦力にはならない。納品を遅らせるか。しかし、業務の始点となる貸付申請と融資実行の結合テストが終わらなければ、システムテストを開始できないのだ。

　どうしてこんなことになってしまったのでしょう。ひと言でいえば、城下さん

図1-1 小規模プロジェクトでは不用意な「簡素化」が失敗を招く

が、プロジェクト計画のテーラリング（最適化）に失敗したからです。小規模プロジェクトだから管理を効率的にしようと考えたことは間違いではありません。ただ、どこをどう簡素化するかという具体策が不適切だったのです（**図1-1**）。

　小規模開発の場合、期間や要員に余裕がないことが多いものです。意識しなければいけないのは、プロジェクトで重点的に監視すべきリスクが何かです。

　第一に考慮すべきだったのは、期間の短さです。「スケジュールに余裕がないため、遅れや品質不良の発生は納期遅れにつながる」というリスク要因に照らせば、「とにかく進捗をクリアにして、遅れとその原因を即時把握すること」がキーポイントだと分かるはずです。成果物の数字をメインに進捗を確認すると決めるときに、「進捗がぼやけたり、原因把握が後手に回ったりすることがないだろうか？」と考えておくべきでした。そうすれば、作業ごとの重みや優先順位を明確にしておいて、作業順や担当が勝手に組み替えられないようにすることが必要だと気付いたはずです。

リスク対処の重点ポイントを明らかにする

　第二に、リソースの集中についてです。「設計書レビュー後のドキュメント整備を担当できるメンバーが少ないため、作業が停滞しやすい」というリスク要因からは、「後続工程につながる作業に資源を集中する」という方針が導き出せます。

　小日程表のみで進捗管理をした場合、後続工程へのつながりやクリティカルパスが見えにくくなって、重要な機能の実装や検証が後回しになるリスクが高まる

でしょう。優先タスクを明示した計画を作り、変動をPMの管理事項にしておくなどの手立てが必要でした。

　また、少ないリソースを重要作業に投入するためには、キーパーソンへの割り込み作業を即座に把握する仕組みやルールが必要になるはずです。例えば、日次のスタンドアップミーティングで、割り込みや体調不良が発生していないか確認するなどが考えられます。

　最後に、作業効率を維持する仕組みも必要でした。「期間にのりしろがないため、手戻りやデグレードによる効率悪化が致命的影響を与えかねない」という認識があれば、「課題・問題が発生したら、QCDに悪影響がなくなるまで着実にトレースする」仕組みを用意したくなるはずです。問題が発生したら上位ドキュメントの修正やレビューも即時タスクリストに追記する、といったルールを決めておくべきでした。

　しかし、簡素化を強く意識した城下さんは、重点ポイントとすべきところをぼかしてしまいました。作業の優先度を見えにくくし、タスク組み換えをサブリーダーに委ね、問題解消のトレースを曖昧にしました。その結果、後続工程に影響するドキュメントに品質問題が発生し、優先作業が先送りされてしまったのです。

　簡素化自体は悪いことではありません。ただ、簡素化ありきではなく、「こうなってはまずい」「こうなった場合、プロジェクトは失敗する」というリスク要因を洗い出し、そうならないように手を打つことを優先すべきでしょう。形式張った定例進捗会議はなくして、スタンドアップミーティングで課題共有や進捗把握を行うとか、メンバーのスキルが見極められることを前提に検証時のエビデンス作成を最低限に絞り込むなど、簡素化の対象は見つかるはずです。

大規模プロジェクト 「可視化と厳正な管理を徹底します」

　500人月。キックオフミーティングに臨んだPMの小笠原一成は、胸の内で繰り返した。コストは4億円を超え、2年にも及ぶ大プロジェクトだ。ピーク時のメンバー数は30人を超える。もちろん、世間にはもっと大きなプロジェクトが存在することは知っている。しかし、小笠原が勤務するプラチナム社にとっては、本年度最大規模のプロジェクトといえる。小笠原は、改めて身が引き締まる思い

だった。

「今回の販売管理システム再構築プロジェクトでは、チームも大人数で、ステークホルダーの数も半端ではありません。従って、『徹底したプロジェクトの可視化』『厳正なプロジェクト管理』に重点を置いた運営とします。具体的には、工程ごとに工数・コストの見積もりを積み上げたWBSを作成。遅れが累積しないように、タスクごとの期限管理を徹底します。

　計画変更はステコミ（ステアリングコミッティー）での決定事項とします。発生する課題もステコミに報告し、解決に至るまで強力にトレースします。変更はすべてPMと予算執行責任者の文書による承認が要件となります。正しい意思決定者の判断なしに、WBSやスコープを変動させないことが、極めて重要なのです」

　小笠原は、メンバーの顔を見渡した。首をかしげている者、反抗的になっている者はいないか…。

「私自身、PMとしてすべてのチームの進捗会議に出席します。各チーム、作業が集中することになると思いますが、全体の統制にご協力をお願いします」

　プロジェクトの規模が大きくなるほど、「可視化」や「情報共有」「プロジェクト全体統制」が重要なポイントとなってきます。小規模であれば、1人のプロジェクトマネジャーが全体を見渡すことは比較的容易です。さほど気を使わなくても情報は共有できるものですし、誰かの作業が計画から逸脱し始めたとしても、すぐに見つけて是正することができます。

　ところが、プロジェクトの規模が大きくなると、関係する人の数が多くなりますし、立場も多様になります。そうなると、PMの目の届かない部分ができやすく、情報共有や統制も難しくなります。

　従って、可視化や情報共有、統制のための仕組みを作るのは大事なことです。ここまでは、多くのPMが考えることでしょう。問題は、大規模プロジェクト特有のリスクを、どこまで計画でヘッジできるかということです。小笠原さんのその後を見てみましょう。

　個別課題の状況を確認しようとしていた小笠原に、向かいの席に座ったバッチ・統計チームリーダーの友原が声をかけてきた。

第1章　小規模と大規模

「担当者別訪問統計の件ですが、基本設計書の上がりがちょっと遅れそうなんです。担当の宮崎が、月曜から風邪を引いて休んでまして」
「そうか。病気じゃ仕方がないけど、もう3日だろう？他のメンバーはアサインできないの？」
「ここまで宮崎が仕上げて、レビュー結果をすべて理解しているのも彼ですからね。他に任せるわけにも」
「そうか。WBSを直さなきゃならないな」
「大丈夫ですよ。顧客別コンタクトリストが先行してできていますから、先にレビューに回すことにします。WBSは、僕が訂正しておきますから」
　小笠原は、顔をしかめたまま、首を横に振った。
「進捗の予実と計画変更は、明日のステコミで報告しなくちゃ。おれが修正案を作って説明するから」
　友原は、いぶかしげに眉を寄せた。
「でも、契約チームと会計チームのWBSも、変更がたまってるでしょ？最新化しないから、何が本当か分からないって、倉本さんがこぼしてましたよ」
「そうは言っても、ステコミで承認されるまでは計画は確定しないんだから。今日中には何とかする」
　友原が首を振るのと同時に、小笠原の前の電話が鳴った。受話器を取ると、声の大きさでは定評がある、営業管理部の結城がしゃべり出した。
「小笠原さん？またちょっと相談事なんやけど」
　小笠原は警戒した。結城は、自分の都合だけを一方的に押し込んでくる傾向がある。
「販売管理の指標の件なんやけどな」
「それでしたら、既に確定してるはずですが…」
「今週の常務会で、新しい運営方針が打ち出されましてね。そやからちょっとその、一部見直しを」
「またですか？困りますね」
「そない言うても、常務会の指示ですから。販売活動は生き物や。3カ月も前の決め事が変わらへんほうがおかしい。仕方ありまへんやんか」
　小笠原は、顔をしかめた。

「しかし、変更管理にはルールがあります。仕様の変更でしたら、変更依頼票を発行いただかないと」
「それは後から出しますがな。友原さんにでも説明しときますから、一つよろしゅう頼みますわ」
　小笠原は眉を上げた。
「いや、私も聞いておきます」
「それなら今から席のほう行ってもよろしいか？」
「そうですね。2時頃なら…」
　受話器を置いて予定を手帳に書き込もうとしたとき、今度は契約チームリーダーの倉本が声をかけてきた。
「契約チームの進捗会議、そろそろ始めますのでお願いします。昨日申し上げた通り、急に飛び込んできた税制改正法案の説明をする予定なんです」
　小笠原は、眼鏡を外して目頭を強く押さえた。

　小笠原さんのプロジェクトは、あまり良い状況にはないようです。理由をひと言でいえば、プロジェクトのリスクをうまくヘッジできていないのです（**図1-2**）。可視化や情報共有、統制といったマネジメントに失敗する要因は大きく二つあります。一つは、そのために必要な仕組みが作れないこと。もう一つは、作った仕組みが機能しないことです。小笠原さんは何とか仕組みを整備しましたが、機能不全に陥っているようです。

図1-2 大規模プロジェクトでは、厳格化した管理にリスクが潜んでいる

第一の問題は、PMへの負荷集中です。マネジメントタスクや判断が特定の人に集中して、さばき切れずに積み上がってしまうのです。システム開発では、マネジメント工数は、プロジェクト総工数の10〜20％程度かかるといわれます。このプロジェクトの人数規模はピーク時30人。仮に平均20人としても、3人が専任で必要なくらいのマネジメント工数を要することになります。しかし、指揮命令系統を一本化するために、通常、PMは1人です。となれば、マネジメント業務を他のメンバーと分担するしかありません。

　実際、このプロジェクトでは、バッチ・統計チームの友原さん、契約チームの倉本さんなど、チームごとにリーダーを置いているようです。1人のリーダーが掌握できるのは6、7人まで、多くても10人が限度といわれていますから、合理的な編成だといえるでしょう。

　ところが、こうした体制だけでは、うまくマネジメントを分担できないことがあります。サブリーダーたちは、設計内容のレビューなど、業務リーダー的な役割は果たすものの、進捗管理、課題管理、計画策定・変更といったマネジメントタスクのほとんどが、PMに集中してしまうことがあるからです。

　課題の精査と解決見通しの評価、進捗の把握など、小笠原さんはすべて「自分の仕事だ」と、強い責任感を持って臨んでいるようです。ですが、友原さんが提案しているように、1次評価や決定をチームリーダーたちに委ね、自分はその妥当性やプロジェクト全体計画へのインパクトのチェックに回るべきでしょう。

事の大小で権限を分散する

　第二の問題は、意思決定プロセスの失速です。ステークホルダーが多く、部門横断的な課題解決が必要になる中・大規模プロジェクトでは、ステアリングコミッティー（ステコミ）やそれに準じた調整機関が必須です。しかし、かかわる人が多くなるほど、ステコミの開催頻度や会議時間には限界が出てきます。

　課題解決策も計画変更も「ステコミで決める」としておけば統制面では万全に見えますが、必要な決定がタイムリーに行えなくなる恐れがあることも認識しておかなければなりません。規模の大きいプロジェクトでは、ステコミで決める対象を、重要性の高い事項に絞り込んでおかないと、見動きが取れなくなります。

　小笠原さんのケースでは、倉本さんがこぼしているように、既に現実的でなく

なったWBS（Work Breakdown Structure）が、PMの多忙とステコミでの未承認を理由に、更新されていません。課題管理や変更管理にかかわる決定も停滞しつつあります。

　この状況が続けば、現場では二つのうちのどちらかが起こります。計画や解決方向を見失って停滞するか、オフィシャルな計画や決定を無視して、チームごとの「仮決め」で暴走し始めるか。全体の見通しが利きにくい大規模プロジェクトだからこそ、可視化や統制を重視したはずなのに、これでは逆効果です。

　大規模プロジェクトにあっては、事の大小によって権限を分散し、日常の計画変更や課題解決などが滞らないようにすることが重要です。包括的な権限をステコミに委ねるのではなく、重要イベントへの影響やコスト・期間の幅などによるレベル分け、事前承認事項と事後報告事項の区別など、より現実的で明確な定義をしておくようにしましょう。

変化を予測し打ち手を決めておく

　第三の問題は、変化への備えです。スコープが広く期間が長い大規模プロジェクトでは、さまざまなことが変化していきます。期間が短いプロジェクトのように、変更をやり過ごし、凍結したままゴールに駆け込むことが難しいのです。従って、ある程度の変化を見越して、対応を計画しておく必要があります。声の大きな結城さんがいみじくも指摘している通り、「3カ月も前の決め事が変わらへんほうがおかしい」と考えなければならないでしょう。

　では、「変化に備える」とは、具体的にどうすればよいのでしょう。一つは、変化を予測することです。毎年のように発生する税制改正や業績評価指標の変動は、短期的には考えられなくても、長期スパンでは必ず入ってくるものです。

　過去のトレンドを見れば、発生可能性やインパクトなどを予測できます。予測の程度に基づいて、担当者を割り当てて監視をする、発生した場合のコストやリソースを手当しておく、発生時の計画修正の方向を合意しておくなど、打てる手立てはいくつもあります。

　もう一つは、「不測の事態を想定する」ことです。予測のつかない変化もあり得る、という心構えと準備をしておくのです。何が起こるか分からないのですから万全な手当ては難しいでしょうが、ダメージ査定できるぐらいの予備工数は確

保しておくとか、臨時ステコミの開催基準を決めておくなど、インパクトを小さくする方策はいくつか考えられます。災害に備えた成果物のバックアップなどもこれに当たるでしょう。

規模の考え方　リスクの範囲が異なる

プロジェクトはそれぞれ特有のものですから、「規模」だけでカテゴライズしようとすると失敗します。ただし、規模による傾向をつかんでおけば、自分のプロジェクトにも応用しやすいはずです。以下に、それぞれの傾向をまとめておきます（**表1-1**）。

小規模開発では、期間的な余裕がないため、遅れや課題を、早く正確につかむことが重要になります。また、少ないリソースを重点投入できるよう、クリティカルパスの把握はもちろん、メンバーの体調や割り込み作業の管理にも注意が必要です。一方で、規模が小さいぶん、リスクの発生範囲はあまり広くないことが多いので、「ここがうまくいかないと失敗する」というポイントを捉え、そこに集中するとよいでしょう。

プロジェクト期間中に環境や要件が変動する恐れは、大規模プロジェクトほど大きくありません。変更が起こると、シビアな納期・工数にインパクトが生じるので、大きな変更は次期リリースに送るなど、変動抑制型の変更管理になること

表1-1 小規模プロジェクト、中・大規模プロジェクトの傾向と対策

要素	小規模プロジェクト		中・大規模プロジェクト	
	傾向	考えるべきこと	傾向	考えるべきこと
期間	短い	・分析に時間をかけず、進捗・品質を即時把握する仕組みを作る ・決定を早くするため、PMに情報を集中する	長い	・目的・目標の忘却やブレに注意する ・工程間の整合を取る
要員	少ない	・リソース配分に問題が出ないよう、負荷バランスを常時把握する ・クリティカルパスや作業優先順位を明確にして、リソースを重点投入する	多い	・シンプルで分かりやすい管理の仕組みを作り、建前と現実がかい離しないようにする ・ピラミッド状に役割分担し、負荷集中を避ける ・意思決定・調整のプロセスを吟味し、決定が遅れないようにする
工数	少ない	・無駄、手戻り、割り込みに注意し、効率化を図る ・問題・課題を確実に解決する	多い	・目的不適合の作業を検知できる仕組みを作る ・レベルに応じた課題管理を行う
リスク	少ない	・重点リスクに集中してヘッジ策を講じる	多い	・幅広くリスクを洗い出し、優先順位を随時見直す
変動要素	少ない	・変更管理を徹底し、極力変動を回避する	多い	・変化を前提として、予測・備えを明示的に行う

が多いでしょう。

　一方、規模の大きいプロジェクトでは、期間の長さが、方針のブレや工程間の不整合を招く恐れがあります。要員の数が多いので、誤解や勝手な判断を避けるために、仕組み・ルールの分かりやすさに留意した情報共有が必要です。また、うまく役割分担して、負荷集中や決定遅延につながらないようにしましょう。幅広くリスク発現の可能性があり、環境や要件が変動するので、変化を予測し、予測できない変化への対処も見込んだ計画にしておく必要があります。

　もちろん、これらがどのプロジェクトにもそのまま適合するとは限りません。重要なのは、規模の大小にかかわらず、プロジェクトごとの特性に応じた計画・管理をすることです。担当するプロジェクトはどんなタイプで、どこにつまづきの根が隠れているでしょうか。考えてみてください。

まとめ

- プロジェクトの規模が異なると、管理の緻密さや意思決定プロセスのやり方は変わる。
- リカバリー余地の小さい小規模プロジェクトでは、遅れや品質の悪化、効率低下を把握する策を講じた上で、管理を簡素化する必要がある。
- 大規模プロジェクトでは、権限を分散して計画変更や課題解決が滞らないようにする。

第2章　パッケージとスクラッチ

経験過信し追加開発が増大
スクラッチは目的を明確に

実績のあるプロダクトを使うパッケージ導入と、自由度の高いスクラッチ開発。プロジェクトのタイプは違っても、いずれも要件定義の作業が膨らむリスクを抱えている。それぞれのリスクの特徴を理解し、要件定義を進める必要がある。

　プロジェクトの期間短縮やコストダウンが強く求められる一方、内部統制や説明責任がやかましく言われる昨今では、スクラッチ開発は減る傾向にあり、パッケージソフトを採用するプロジェクトの比率が高まっています。第2章では、「パッケージ導入」と「スクラッチ開発」という切り口で、2人のプロジェクトマネジャー（PM）のケースを見てみましょう。

パッケージ導入プロジェクト　「モックアップを見せるから若手で大丈夫」

　刈谷 修は、プラチナ物産の人事・給与システム再構築プロジェクトのPMを務めている。今回のプロジェクトでは、「GENKIスタッフⅡ」というパッケージソフトが業務の中核を担う。プラチナ物産は、従業員数2500人の中堅商社だが、大正時代創業の伝統ある企業で、現行の人事・給与システムも、稼働から20年以上を経過している。そこで、パッケージソフトを導入し、これを機に業務の簡素化を実現することが、プロジェクトの目的の一つとして挙げられたのだ。
　刈谷は、GENKIスタッフⅡの導入経験のある、プロジェクトリーダーの河口に言った。
　「問題は、要件定義の期間があまり取れないことだ。2カ月半で、主要な要件を固めてしまわないといけない。若手メンバーが多いけど、大丈夫かな？」
　刈谷自身には、GENKIスタッフⅡを導入した経験はない。経験者の河口に頼

るのも当然だった。

　河口は、自信ありげに答えた。
「ネットベンチャーのＥスクロール社では２カ月、外食産業のサラドオニオンでは３カ月で要件定義を終えています。今回は、パッケージに業務を合わせるという方針もはっきりしていますし、問題ないと思います」
　刈谷は、うなずきながら川口の顔を見つめた。
「それでも、アドオン開発ゼロというわけにはいかないだろう。もしスコープ変動や手戻りがあると、リカバリー期間がない。そこが心配なんだが…」
「フィット＆ギャップ分析から入って、モックアップを見せながら進めますから若手でも大丈夫。現物に近い形で確認してもらえば、手戻りは出ないでしょう」
　刈谷は、ようやく安心したようにうなずいた。
「フィット＆ギャップ分析のセッションを予定通りに終わらせるのがポイントだね。よろしく頼むよ」

　パッケージ導入プロジェクトでは、要件定義工程で、「フィット＆ギャップ分析」と呼ばれるステップを置くことが多いようです。このステップでは、パッケージの標準機能とその利用手順を説明して、そのまま使える（フィット）か、業務の見直しや追加開発が必要（ギャップ）かをジャッジしていきます。経験豊富な河口さんは自信満々ですが、どういう結果になるでしょうか。先を見てみましょう。

　基本設計開始後１カ月半。ステアリングコミッティーは、重苦しい雰囲気に包まれていた。
「今になって機能の絞り込みが必要だって？」
　人事部次長として、業務部門側のプロジェクト責任者を務める宮沢が、怒気を含んだ声を上げた。
　刈谷は、額の汗を拭いながら、説明を繰り返した。
「当初予定よりもアドオン開発機能が増加しておりまして。このままでは、進められそうにありません」
　宮沢次長は、資料の束を引き寄せて、せわしなくページをめくった。

「フィット率は85パーセントと報告を受けたはずですよ。アドオン開発機能が多すぎるというのは納得できません」

刈谷は、口ごもりながら、説明した。

「フィットしたという結論になった部分についても、アドオン開発が必要です。例えば休暇種類です。GENKIスタッフⅡでは、休暇種類を自由に定義できますのでフィットという結論になったわけですが、職種と勤務形態によって、減額対象の休暇種類が異なっていたり、入社年次と職種によって休暇種類が限られていたりといった事態が判明し…」

「実際にはフィットしていなかったということ？」

刈谷は、汗を拭った。

「そうです。第3賞与保証補給金の支給時期や転籍後帰任の扱いについてもそうですし、画面と帳票についても、モックアップでOKだった部分が、結局不都合だということになりまして」

宮沢次長の部下の小泉主任が反論した。

「画面や帳票については、モックアップはサンプルで後で調整できるってことだったので、いったんOKしたんです。でも、こちらが考えていたような変更は、調整レベルじゃできないそうですね。そう言われても、経理や監査が使う帳票は、簡単に見直せませんし」

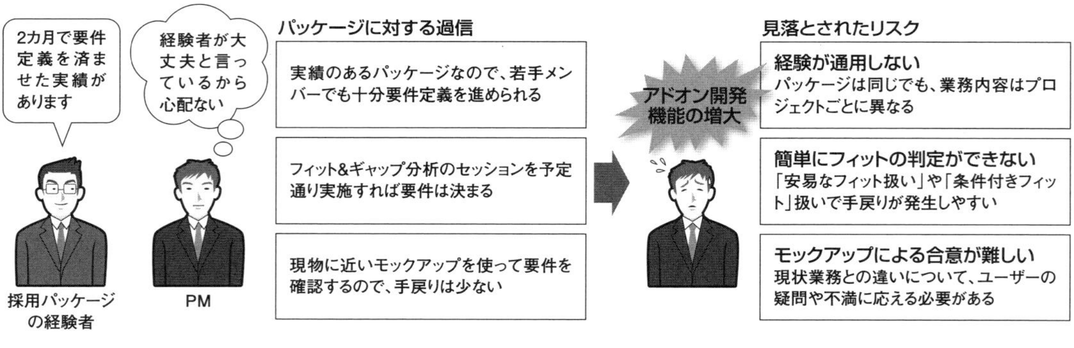

図2-1 実績のあるパッケージソフトを使った開発でも、要件定義は簡単に進まない

> 刈谷が、遠慮がちに口を出す。
> 「確かに、無理な部分もあるでしょうが、割り切れるところもあるんじゃないでしょうか？パッケージだけで業務を回しているところもあるのですから」
> 小泉主任が、驚いたような顔をした。
> 「割り切ろうにも、パッケージ全体の思想や体系を理解していないままでは、判断しようもないですよ。そんな説明は受けていないですし」
> 宮沢次長はため息をつきながら総括した。
> 「つまり、パッケージ説明とフィット＆ギャップ分析が不十分だったってことじゃないか。違う？」
> 刈谷は苦い思いを噛みしめながらうなずいた。

　最初から、実績のあるプロダクトが存在するのが、パッケージ導入の特徴です。しかし、フィット＆ギャップ分析を甘く見ていると、足をすくわれることになります。刈谷さんのつまずきの原因は、どこにあったのでしょうか（**図 2-1**）。

　まず第一に、「経験を信じすぎたこと」が挙げられるでしょう。当初刈谷さんは、要件定義の期間が短かすぎることをリスクと考えていました。ところが、GENKIスタッフⅡの導入経験を持つ河口リーダーの話を聞いて、少し安心してしまいました。プロジェクトごとに高い独自性を持つプロジェクトマネジメントの世界では、成功経験をうのみにするのは特に危険です。他のプロジェクトとの類似点よりも、むしろ相違点を探り、独自性を考えたほうがよかったようです。

　これまでに河口さんが関わったプロジェクトは、今回のプロジェクトと比較すると、導入企業の業種も、伝統も相当異なっています。社歴が長く、多様な拠点を持つ商社のような企業では、人事制度は複雑になりがちです。パッケージ導入といえども、他のプロジェクトと同じように進むとは限りません。意図してその視点を保ち、リスク管理につなげましょう。

フィット＆ギャップ分析が早く終わるのは先送り

　第二に、刈谷さんは、作業を先に進めることを優先してしまったようです。パッケージ導入の場合、フィット＆ギャップ分析のハードルを越えれば、見通しの立

てやすい設計・構築に入れるという安心感があります。その後の基本設計の部分は、スクラッチ開発に比べれば非常に小さいので、とにかく早く最初のハードルを越えてしまおうという心理に陥りがちなのです。しかし、フィット＆ギャップ分析が難所であることに変わりはありません。安易に「フィット」扱いや「条件付きフィット」扱いというジャッジをするのは、問題の先送りにすぎません。

　パッケージ導入では、スクラッチ開発以上に、スコープ管理が重要になります。パッケージを前提にした、短納期・低コストの計画になっている場合が多いからです。「極力、パッケージに業務を合わせる」といった基本方針が設定されることが多いのですが、実際に業務を預かる現場としては、リスクを冒してアドオン開発を減らす決定を下すことは容易ではありません。さらに、プロジェクトの期間が短いので、遅れを取り返す余地が小さくなっています。

　そのことを踏まえて、フィット＆ギャップ分析の進め方やクロージングの段取りを計画する必要がありました。例えば、「パッケージ導入の狙いやフィット率の目標を明確にしておく」「未決事項が残ることを見越して、それがどこの部分なのか、フィット＆ギャップ分析期間を通じて明確にする」「要件定義期間終結時に、条件付き終結であることを明確にして、未決事項の決着方針を合意しておく」などです。スクラッチ開発なら、じっくり要件固めをすることを計画しやすいのですが、パッケージの場合は一層の注意を払って、この部分のリスクを見落さないようにしたいものです。

モノを見せるから開発期間が短いのではない

　第三に、いきなりモノを見せる怖さについて、考慮が不足していました。パッケージ導入がスクラッチ開発に比べて開発期間を短くできるのは、モックアップなどで早めにモノを見せられるからではありません。

　具体的な画面や帳票を見れば、ユーザーは現状との違いに目が行きます。そうすると、即座に合意するよりも、「どうしてこうなっているのか」「こういう場合に大丈夫なのか」という疑問や不安、「できれば現状のやり方に合わせてほしい」という希望や欲求がわいてくるものです。フィット＆ギャップ分析では、こうした疑問や不満に応え、「多少現状とは違うけれど、これでも大丈夫なんだ」「この

ほうが結局シンプルでうまくいくんだ」という結論に導けるかどうかが鍵です。

　そのためには、半完成品であるパッケージ全体の体系や、業務処理の実績が説明できなければなりません。さもないと、小泉主任のように、「割り切りたい気持ちはあるけれど、よく分からないので判断できない」ということになって、現行業務に近づけるための改善要望ばかりが積み上がってしまいます。

　フィット＆ギャップ分析を早く終わらせようとして、「これは一例」とか「サンプル」という言い方で逃げるのも禁物です。モックアップを使って、ジャッジを早期化する意味が薄れてしまいます。

　このリスクを踏まえ、パッケージや業務に詳しいメンバーを初期のセッションから投入し、十分な説明をした上で、具体的な実現レベルまで詰める計画にすべきでした。パッケージだから大丈夫と、不慣れな若手を中心に上流のセッションを回すのは無謀です。

スクラッチ開発プロジェクト 「あるべき論で検討できます」

「今回の再構築を機に、業務を抜本的に見直したい」
　と、人事部 部長代理の原谷が言った。
「ようやく、スクラッチ開発の予算が通ったんだ。現行の人事システムでは、これまではやりたいことができなかった。いろいろと不都合なことを我慢してもらってきた経緯もある」
　今回、パッケージを導入するかスクラッチで開発するかでもめにもめた。期間とコストを削減できるパッケージでいくか、かゆい所に手の届くスクラッチでいくか、最後まで決まらなかったのだ。結局、最近海外製品のパッケージを導入した同業他社にヒアリングした結果が決め手になって、スクラッチに決まった。「全業務パッケージをいっときに入れるならともかく、情報連携は一筋縄ではいかない」という導入担当者の言葉が、担当役員に心を決めさせたのだ。
「現行の人事システムは給与計算システムをベースに拡張してきたので、人材情報の共有と活用という時代の要請に応えられなかった。せっかく再構築をするんだから、人材管理の機能を盛り込んでリニューアルしたいものだね」

> 「そうですね」
> 　PMの村田 沙織は、顔を輝かせた。
> 「制約のないスクラッチ開発ですから、あるべき論で検討できると思います。要件定義工程では、関連部門のヒアリングをじっくりやりましょう」
> 　原谷は、うれしそうにうなずいた。
> 「うん。予算取りで迷惑をかけた経理部門や総務部門、人材を活用する立場の販売部門、製造部門の担当者にもヒアリングすることにしよう。みんなが不都合だと思っているところを洗い出して、取り除くんだ」
> 「とりあえず、ヒアリングの日程を組んでみます。といっても、皆さんお忙しいですよね」
> 　村田は、原谷部長代理の顔を見た。原谷は、いつものことだと言いたげにかぶりを振った。
> 「そうだね。先方の都合を優先して、ランダムに日程を組むしかないだろうね」

　諸般の事情で実現が難しい場合も多いですが、「あるべき論」からきちんと議論をするというのは、上流工程の王道ですね。「制約の少ないスクラッチ開発だから」と、2人が張り切る気持ちも分かります。しかし、なかなか思惑通りに進まないのがプロジェクト。どういうことになったか、見てみましょう。

> 　原谷部長代理は、顔を曇らせた。
> 「村田さん、要件定義が終わりそうにないって？」
> 　村田は、4冊の分厚いファイルを手で示した。
> 「そうなんです。ようやく、ヒアリング結果を一通り整理できたんですけど。すごい要望の数なんです。大小合わせて、2000項目以上」
> 「2000項目？」
> 　さすがの原谷部長代理も、毒気を抜かれた顔をした。手近のファイルを引き寄せて、ぱらぱらとめくり始める。あるページで指が止まって、彼は叫び声を上げた。
> 「異動時連動ファイルが30種類？」

村田は、うんざりしたようにため息をついた。
「各部門の要望を取りまとめたら、そういうことになってしまって…」
　原谷は、首を傾げた。
「でも、結局、個人と組織の異動情報だろ？ある程度集約ができるはずじゃないの」
　村田が、眉間にしわを寄せる。
「タイミングと細目が違うんですよ。グループウエア更新用の連動は発令日前日に必要だそうですし、研修計画用は着任後1週間で受講履歴付き、経理部のは新旧役職コードを並べてほしいってことで」
「うーん…帳票の数もだいぶ増えているね」
「チェックリストの数が増えてます。これまでは、端末から何度も照会してチェック事務をしていたそうなんですが、再構築するならちゃんとしたチェックリストを出してほしいということで。手作業でやっていた処理もシステムに取り込むとなると、エラーリストやチェックリスト、レポートなんかがどうしても増えてしまいます。それだけならいいんですけど」
　原谷は目をむいた。
「他にも何かあるの？」
「意見が割れて、結論が出ない事項が50件以上残ってます。経理部が、月末までに確定賞与データが欲しいと言えば、人事の給与担当は翌月5日まで確定は無理だとおっしゃいますし。設計内容だけじゃなくて、検証のスケジュールや移行の方針なんかも、議論百出で結論が出ないんですよ」
　原谷は、しぶい顔で腕を組んだ。
「今度の部長会で、ちょっと話してみるかなあ。しかし、これまでは担当者を中心に進めてきたから、部長連中、寝耳に水だろうな。困った」

　かなり難航しているようですね。プロジェクトの計画と進め方に、いささか問題があったようです。
　まず第一に気になるのは、プロジェクトの目的・目標設定。要望が多く積み上がり、機能の集約が進まなかった現状からすると、目的が十分に定義されないま

ま、闇雲にヒアリングを進めたように見えます。

意識して目的志向で計画を立てる

スクラッチ開発の場合、解決方法の自由度が高いため、「これを機会にあれもこれも」となりがちです（**図2-2**）。しかし、プロジェクトのリソースは限られていますから、意識して目的志向で計画を立てる必要があります。「これを機会に〜」という要望の中には付随的なものも含まれています。実現できればそれに越したことはありませんが、あくまでもそれはついでのこと。何のために何を実現したいのか、プロジェクトの主たる目的・目標を定めておきましょう。

本件の場合であれば、目的は「人材活用のために使えるシステム」ということでしょう。そのために何が必要かという観点から、ヒアリング対象を検討すべきでした。そうすると、現行の人事・経理事務担当者は、ターゲットから外れるでしょう。現在、人材活用のための情報共有が不十分なのですから、本来必要な情報は、現行事務には組み込まれていないのです。

事務作業の担当レベルではなく、人の配置が職務であるマネジャーや管理職からヒアリングをしなければ、「人材活用のために必要な要件」は出てきません。また、ランダムに聞くのではなく、まずは管理者に狙いを定めた上で、上位管理職に当たって方向付けを優先するか、現場に近いほうから始めて問題を浮き彫り

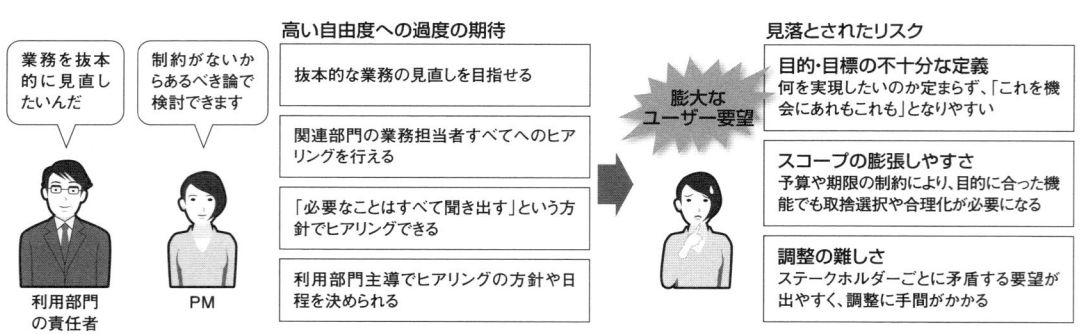

図2-2 スクラッチ開発だからといって自由に要件定義を進めようとすると、コントロールが利かなくなる

にするか、といった方針を立てる必要がありました。

　狙いや解決方針が定まらないまま、「とにかくまず困っていることを聞こう」といった曖昧な方針でヒアリングしても、細かい不平不満が噴出するだけで、プロジェクトの目的にかなった要求にはなりません。

　第二に、スコープ管理の弱さも問題です。スクラッチ開発といえども、予算があり、期間があります。その制約を守るためには、人材活用という目的にかなう機能についても、取捨選択や合理化が必要だったでしょう。要件定義工程については、ユーザー主導で進められるケースが多いと思います。今回のケースの場合でも、ヒアリングの方針や日程には、原谷部長代理の意向が反映されています。

　しかし、ユーザー主導のスクラッチ開発だからといって、コントロールなしでいいわけではありません。単に「必要と思われることをすべて聞き出す」という方針を容認してしまうと、個別最適に近い要望が出てくる傾向があります。

スコープが膨張しないようガイドする

　細かくニーズに合わせたたくさんの異動時連動ファイルはその一例です。パッケージなら、「もともと人事・給与パッケージなので、連動の機能はありません」といった割り切りで納得を得やすいのですが、スクラッチ開発では、「作ろうとすれば作れる」という意識が強いため、個別要望が出やすいわけです。そのため、対象機能を絞り込むための工夫が必要になります。

　いったん風呂敷を広げてしまってから、「これでは終わりません」と言い出されては、ユーザーも困惑してしまうでしょう。PMは、要件定義期間を通じてスコープが膨張しないよう、ガイドする必要があります。「目的達成のために重要なこと」「あるに越したことはないレベルのこと」「将来的には必要だが、現状では必須ではないこと」「最適解ではないが容認できること」などの整理を加えながら、要件定義を進めるといいでしょう。過去のプロジェクトの経験などから、標準的な実現レベルを提示しておくのも効果的です。

　第三の問題は、調整の仕組みの整備が後手に回っていることです。前述の通り、スクラッチ開発では、自由度が高い分、システムの守備範囲が曖昧になりやすいところがあります。その結果、ステークホルダーの数が多くなると、相互に矛盾

する要望が出る可能性も高くなります。複数ある言い分のどれを優先するかもジャッジする必要が出てきます。

　従って、ステアリングコミッティーなどの調整の仕組みを、最初から用意しておく必要があるのです。原谷さんが気に病んでいるように、問題が出てきてから、別の会議体を利用しようとしても、なかなかうまくいきません。プロジェクトの目的・目標やスケジュール、進捗状況や課題などを日頃から共有しておかないと、適切なジャッジができないからです。

　当初構想したように、「人材を活用する部門の意見を広く反映したシステムにする」ためには、全体最適の視点で高次の判断ができる仕組みを、プロジェクトに組み込んでおく必要があったでしょう。

パッケージとスクラッチの考え方 ▶ 目的の明確さが異なる

　パッケージ導入タイプ、スクラッチ開発タイプと、傾向の異なる二つのプロジェクトを見てきました。タイプによってありがちな傾向をつかんで、自分のプロジェクトへの応用を考えてみてください。**表2-1**に、それぞれの傾向をまとめておきます。

表2-1 パッケージ導入プロジェクトとスクラッチ開発プロジェクトの傾向と対策

要素	パッケージ導入プロジェクト		スクラッチ開発プロジェクト	
	傾向	考えるべきこと	傾向	考えるべきこと
目的	定義しやすい	・パッケージを選択した狙いやフィット目標などをはっきりさせておく	曖昧になりやすい	・「ついで目的」ではなく、主軸となる目的をはっきりさせておく ・目的に沿った進め方を計画する
期間	短い	・手戻りの余地がないので、「終わらせる」ことより、精度を維持することを重視する ・条件付きフィットの条件を煮詰めることに時間をかける	やや長い	・余裕があると誤解しない。目的を外れた部分のために無駄使いしない
工数	少ない	・業務や機能を説明でき、ユーザーをガイドできる精鋭体制を組む	やや多い	・当初から、目的定義や機能絞り込みのための工数を見込んでおく
サンプルやモックアップ	早期に見せやすい	・細部にこだわりすぎないよう、全体の体系や標準化などを説明しておく ・「単なる例示」ではなく、合意形成に活用する	見せにくい	・すべて一からでは決まりにくいので、標準パターンを用意して、バリエーションが広がりすぎないようにする
割り切り、優先順位の調整	適切にガイドできれば調整しやすい	・方針提示だけで安心しない ・事例や代替策を提示して、ユーザーが見通しを持てるようにする ・対象業務や企業風土などから、リスクを評価しておく	矛盾する要望が出やすく調整しにくい	・ステアリングコミッティーなどの調整の仕組みを当初から準備する ・要件定義期間を通じて、必須事項とできればやりたい事項をはっきり区別する

パッケージ導入タイプでは、期間が短いことが多いですが、上流工程を拙速に進めるとリカバリー余地がなくなります。特に、安易な「フィット」ジャッジは危険です。また、迅速なジャッジの条件として、パッケージ機能全体の見通しは欠かせません。モックアップなどを使う場合には、単なる例示にとどめず、早期に具体的合意を形成するための道具として活用しましょう。また、「パッケージに合わせる」といっても、ユーザーの組織や過去の経緯などから、難しい部分もあります。事前にリスクを評価して、工数見積もりなどに反映してください。

　スクラッチ開発タイプでは、目的定義が最も重要です。何のために何を実現するかという部分が固まっていないと、際限なくスコープが拡大する恐れがあります。また、目的に合わせた作業の進め方や関係者の人選を誤らないようにしましょう。当初から、スコープ膨張をコントロールするための方策や、錯綜する要求を調整する仕組みを準備しておくことも重要です。

> **まとめ**
> - パッケージ導入では、他のプロジェクトの実績に惑わされて失敗しやすく、スクラッチ開発は自由度の高さに振り回されて失敗しやすい。
> - パッケージ導入プロジェクトでは、安易なフィット＆ギャップ分析を行わず、条件を煮詰めて合意する。
> - スクラッチ開発プロジェクトでは、目的をきちんと定義して、スコープ管理を徹底する。

第3章 アプリケーションと基盤

アプリ偏重で失敗を招く システム全体に網をかけよう

担当が分かれ、独立して開発を進めることの多いアプリケーションと基盤。自分の担当部分だけにとらわれていると、プロジェクトは立ち行かなくなる。両者が連携して、システム全体の要件や、やるべき作業を見極める必要がある。

　システム開発では、一つのプロジェクトの中でも、システムの基盤部分の担当と、その基盤上で稼働するアプリケーション部分の担当に分かれ、それぞれでマネジメントが進められることがあります。
　アプリケーション担当は、いわゆる基盤系と比べて、プロジェクトマネジャー（PM）が専任に近いなど、厚めの体制が組まれる場合が多いと思います。ですから、アプリケーション系のPMが、基盤系部分を含めて全体のマネジメントを担当することが一般的です。一方、基盤系を担当するPMは、複数プロジェクトを掛け持ちしていたり、そもそもPMが明示的に置かれていなかったりする場合も多いでしょう。第3章では、このアプリケーション担当と基盤担当という切り口で、2人のPMのやり方を見ていきましょう。

アプリケーション担当 「アプリが固まっていれば問題ありません」

　小林昭は、シロカネ工業の営業管理システムレベルアッププロジェクトでアプリケーション担当のPMを務めている。長く営業企画部に所属してきた経歴から、SFA（Sales Force Automation）や営業管理業務には詳しい。シロカネソフトウエアに出向してからも、販売管理システムやSFAシステムの開発を担当してきた。小林の適切な準備や部下指導のたまもので、ユーザーヒアリングは順調に進んだ。
「さすがですね、小林さん」

ユーザー側の代表としてプロジェクト全体をまとめている営業管理部の大友次長が、設計会議の後にわざわざ小林に声をかけてきた。
「小林さんがうまく調整してくれて、業績継承組織の問題も片がつきましたし、この分なら何とかスケジュールを守れそうですよ。要件定義書の品質も高くて、すぐにも承認できそうだとウチの連中も喜んでます」
　小林は、笑みを浮かべてうなずいた。
「恐縮です」
「ただ…、来週の情報システム部によるレビューがちょっと気になってまして」
　小林は資料を置いて大友次長の前に腰を下ろした。
「そうですか。具体的なご懸念点がおありですか？」
「大したことじゃないんですが。最近、いくつか失敗プロジェクトがあったので、情報システム部が部門システムにうるさくなってるんですよ。基盤がどうだ、パフォーマンスがこうだとつつかれるんで、気が重くて。谷村さんの資料もまだちゃんと読んでませんし」
　不安げな大友次長に向かって、小林は軽くうなずいた。谷村は基盤担当のPMで、部下でもある。実は、基盤・運用設計については谷村に任せきりで、小林自身、その資料にはざっと目を通しただけだった。
「谷村がひと通りのことはやっているので、大丈夫でしょう。アプリケーションがしっかり固まっていれば、基盤系で問題が出ることは少ないと思いますよ」
　大友次長はほっとしたように笑みを漏らした。
「そうですよね。難題もなんとか解決して、アプリケーションは固まりつつありますからね」

　確かに、情報システムはビジネスや業務を実現するための手段にすぎません。その意味で、「まずはアプリケーションを固めて」という小林さんの考えも分からなくはありません。しかし、果たしてこれでうまくいくでしょうか。アプリケーションに関するヒアリングを優先し、基盤や運用を部下に任せきりにした結果を見てみましょう。

第3章　アプリケーションと基盤

　小林は、身がすくむ思いで、大友次長の顔を見つめた。情報システム部の須永運用部長の質問に、温厚な大友次長はしどろもどろになっている。
「ハードウエアスペックについては、シロカネソフトの谷村さんがよく考えて設計してくれましたので…」
　須永運用部長は、目尻にしわを寄せてうなずいた。
「はいはい。設計書は拝見しましたよ。どういう要件からこういった設計になっているのか。そこを、大友次長にお伺いしておるのです」
　助けてくれ…と言わんばかりの大友次長の視線を捉えて、小林は思わず割って入った。
「アプリケーション要件については、今ドキュメントにまとめています。議事録は共有サーバーの…」
　須永部長は、手を振って小林の発言を遮った。
「情報システム部としては、アプリケーションの中身に立ち入るつもりはありません。今日は基盤と運用についてのレビューなんです。例えば、これです。どういう利用を想定して、このサーバースペックで大丈夫と判断されたのか、そこを確認したいのです」
　今度は、谷村が割って入る。
「総ユーザー数は250人と伺ってますので、必要十分なハードで設計しました。データベースの総量は…」
　須永部長は、じれったそうに言った。
「総ユーザー数が250人というのは分かります。問題は、アクセス特性をどう見込んでいるかです」
　谷村は大友次長に目を向けた。
　大友次長は、顔を赤くして視線を泳がせた。
「アクセス特性、ですか…」
　須永部長は、なだめるような笑みを浮かべた。
「250人といっても、営業管理部の事務担当者もいれば、セールス担当者もいるでしょう。それぞれ使う時間や使い方が違いますよね。月ごとに大事な締め切り日があったり、年度末の駆け込みがあったりもする。そういった利用動向予測や、

今後の変化の見込み、そのあたりの要件を確かめたいだけなんですよ」

　小林の顔が、耳まで赤くなった。業務ヒアリングは事務処理の流れや画面・帳票の字面が中心で、そんな話は出ていない。谷村が個別に確認していたのかもしれないが、小林は把握していなかった。

　全員が沈黙してしまったので、須永部長は大きなため息をついて、断定的に言い放った。

「セキュリティ要件も確認したいと思っていたんですが、どうも日を改めたほうがよさそうですね」

　要件定義書もそろそろまとまりつつあって、自信満々だった小林さんですが、基盤・運用設計レビューでは、守勢に回っているようですね。どこに問題があったのでしょう。

　第一に、アプリケーション偏重の管理です（**図3-1**）。業務知識の豊富な小林さん、苦手の「基盤」を切り離して考えすぎたようです。基盤・運用設計を部下に任せきりで、ろくに資料に目を通さず、誰かを谷村さんのレビューアーに当てた形跡もありません。谷村さんが誰にどうやって要件を確認したかにも無関心で、レビュー当日になっても把握していない始末です。

　アプリケーションと基盤で一つのプロジェクトなので、こと管理については、

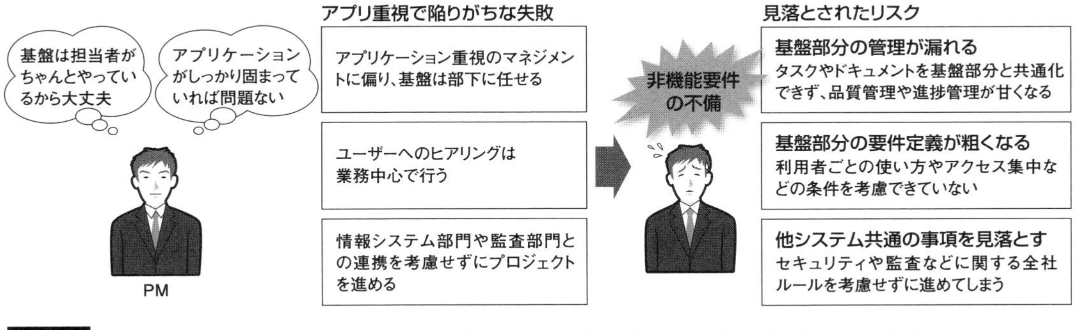

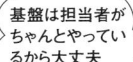

図3-1 アプリケーション偏重でプロジェクトを進めると、基盤部分のマネジメントがおろそかになる

両方に網をかけておかないといけません。理屈では、小林さんも分かっているのでしょう。しかし、経験豊富なPMの中にも、こういった「基盤軽視」のタイプが時折見られます。基盤のように、小難しくて理屈っぽい部分は専門家に任せて、業務の根幹だけを見ながら引っ張ろうとするのです。

　当然のことながら、これではうまくいきません。アプリケーションと基盤とで、ヒアリングの段取りも違えば工程名称も違う、タスクもドキュメントもそれぞれ独自、ということは少なくありません。ですが、PMは当然、工程、タスク、ドキュメントを理解しておかなければリスク管理も進捗・品質管理もできないはず。もちろん、単に慣例だけで異なっている部分は、共通化したほうが効率的でしょう。

基盤担当にヒアリングを丸投げしない
　第二に、基盤担当を巻き込む動きをしなかったことです。それによって、基盤部分の要件定義が粗くなってしまいました。谷村さんが任せられた基盤部分について、ヒアリングなどを十分に実施した形跡がありません。大ざっぱなユーザー数だけをベースに、「こんなもので足りるだろう」と、思い込みで進めてしまったように見えます。

　レビューで情報システム部の須永部長が指摘したように、実は、基盤の設計は、アプリケーションの設計以上に業務に直結しています。年度末など業務がピークの時期に、アクセスが集中して効率が低下してしまったら…。いくら品質の高いアプリケーションを実現していても、基盤が耐えられなければ、業務は致命的なダメージを受けるかもしれません。現在は大丈夫でも、将来の利用動向の変動によって、追加投資が必要になるケースもあるでしょう。

　基盤を設計するためには、その上で行われる業務を分析する必要があります。どんな人が、何人くらい、どんな場所から、どれほどの切迫度でシステムを利用するのか。ピークはいつなのか、万一の場合、業務はどういうインパクトを受けるのか。復旧までの間、代替手段はあるのか。そもそも事業継続計画はどうなっているのか。またセキュリティなら、どんな情報資産を、どういう脅威から守りたいのか。そのために、どんなログをどういうタイミングで取得する必要があるのか。そのログを誰がいつ評価するのか。

これらの項目に関して、ヒアリングを基盤担当に丸投げしてはいけないのです。アプリケーション部分を担当するということは、基盤担当に比べてよりユーザーに近いところにいるといえるからです。小林さんは、谷村さんを巻き込んで、業務ヒアリングを一緒に進めるべきでした。

　そもそも、アプリケーションも基盤も、業務を実現するための手段であることに変わりはありません。もっと言えば、基盤だけでもアプリケーションだけでも実現できず、両者で連携する必要がある要件もあります。そう考えると、本当は業務ヒアリングに際して、両者が一体化したシステムとしての要件を聞き出さなければならないはずです。

　ユーザーは実現手段としての基盤とアプリケーションの区別を明確にしているとは限りません。情報の流れを検討するときに、タイミングや件数、業務の逼迫度、要求されるレスポンスなどを併せて検討するほうが、ユーザーにとっても好都合でしょう。

ユーザーの立場やニーズを意識して連携

　最後に、他のシステムや、全社共通事項への配慮不足です。

　特定の業務に関心のあるユーザーは、それ以外のことはあまり考慮してくれません。例えば監査証跡の残し方としてのログの取り扱いや、セキュリティに関するルール、基本的なパフォーマンスについては、情報システム部門や監査部門のほうが詳しかったり、実質的な決定権を持っていたりする場合もあるでしょう。

　その部分も含めて、ユーザー部門への業務ヒアリングの中で聞き出せればベストですが、なかなかそうもいきません。今回のように、直近でトラブルが発生して情報システム部門が動き出しているような場合であれば、最初から情報システム部門をヒアリング先に入れたほうが、スムーズにいったでしょう。

　大友次長にも、情報システム部門によるレビューへの不安や懸念があったわけですから、小林さんはそのサインを捉えて動くべきでした。基盤担当に対して、ユーザーの立場やニーズを意識した連携を行うのも、アプリケーション担当のPMの役割といえます。それができれば、大友次長に恥をかかせずに済んだかもしれません。

基盤担当 「現調だけだから楽勝」

　体制図上、品川孝明の職掌は「PM（基盤担当）」となっている。その体制図も一つではない。現在、四つのプロジェクトを掛け持ちしていて、さらに二つの商談に絡んでいるというのが実態だ。品川自身、もういいかげんにしてほしいと思う。しかし、シロカネソフトウエアにはもともと基盤担当者が少ない。グループ長の宮本に拝み倒されると、拒むことは難しい。
「例によって、現調中心だからさあ」
　宮本が品川を諭すように言う。
「ジョブ管理ツールとバックアップツールは入れるだけ入れるけど、ジョブ定義は開発チームが担当してくれる。運用は現行チームが引き継ぐし、マシンスペックには余裕があって、今からコストでガタガタもめることもない。だから担当を頼むよ」
　そうして品川は、自社ワークフロー導入プロジェクトの基盤担当PMにアサインされることになったのだ。
　現調（現場調整）中心だからといって、スケジュール表なしでは作業できない。とはいえ、掛け持ちではあまり時間はかけられない。品川は使い回している一枚ものの導入スケジュール表に手を入れ、非機能要件チェックリストを準備した。
　大日程表から本番稼働タイミングを確認し、機器とツール、要員を調達するため、懇意な協力会社に見積もり依頼をかける。機器の一覧表や構成図は発注先に頼めばいい。それから、導入計画を説明するため、電話でユーザー部門の担当者のアポを取った。
　楽勝楽勝、と品川は思った。今回は自社プロジェクトだから、ユーザー部門の担当者に導入計画を説明することになる。経験上ユーザー部門は、スケジュールや機器構成図に異を唱えることなく承認してくれる。
　開発チームは管理ツールに慣れているから、悩まされることもないだろう。導入するワークフローツールにはちょっと癖があるけれど、マシンスペックに余裕があれば、基盤担当の出番はほとんどないはず。PMといっても名ばかりだ。スケジュールだけ引いておいて、必要な作業は、協力会社に任せておけばいい。

「現調」。基盤担当者がよく口にする言葉です。「現場調整」または「現地調整」の略で、ハードウエアを利用場所に据え付け、ソフトウエアを導入して利用可能な状態にするための実装・確認作業です。

現実には、品川さんのようにあちこちの現場を駆け巡る掛け持ちの基盤担当者は多いもの。あまり時間をかけられないのは分かりますが、本当に現調中心で楽勝なのでしょうか。何が起こるか、見てみましょう。

商談中の顧客に提示するプレゼン資料のチェックをしていた品川の携帯電話が振動した。顔をしかめながらディスプレーを見ると、自社ワークフロー導入プロジェクトのアプリケーション担当PM、道長だ。

「あ、品川さん？」

道長の声は硬かった。

「ワークフロー用のサーバーの件、現調日が12月5日だって総務から聞いたんだけど、間違いない？」

品川は、サーバー上のスケジュール表を開いた。

「はい、午前搬入、午後現調で手配済みです」

道長は、困惑した声を出した。

「困るな。外部結合テストに間に合わないじゃない」

「ええっ、テストは7日からでしょ？」

「それまでにアプリケーションの導入と稼働確認もしなくちゃいけないし、テスト用のデータ移行と権限設定もやらなきゃいけないんだよ。2日には現物が搬入されてないとまずいんだけど、繰り上げられない？」

そんなこと言ったって…。品川の脳裏に、ハードウエアベンダーの営業担当者の困り切った顔が浮かんだ。

「ソフトは大丈夫ですけど、サーバーがきつそうですね。うーん、とりあえずラックなしの裸で置く手もありますから、調整してみます」

「何とか頼むよ。ブツがないとテスト始められないんだから。あと、電源工事の予定は大丈夫なの？」

品川の顔が青くなった。

第3章　アプリケーションと基盤

> 「電源工事？聞いてませんけど」
> 「現地見てないの？あのサーバールーム、コンセントも電源容量もギリギリだったはずだよ」
> 　ますます青ざめる品川に、道長は追い打ちをかけた。
> 「管理ツールのパラメーター設定はいつやるの？経路検索ツールとの疎通確認とパフォーマンステストもスケジュールしないと。ああそれから、現行チームの大崎さんが、引き継ぎはいつしてくれるんだって息巻いてたよ。基盤回りは任せるから、よろしく頼むよ」
> 　品川は、呆然とした顔で受話器を置いた。

　掛け持ちであろうと、部下がいなかろうと、体制図に「PM」の名前が入っている以上、「現調だけの約束だから…」とは言えなくなってしまいますね。品川さんには同情しますが、少し自分の役割を甘く見ていたことは事実でしょう（**図3-2**）。

　まず第一に、目配りの範囲を限定しすぎました。一見専門的に見える基盤系の話について、強引にユーザーの承認を取り付けることは、さほど難しくないかもしれません。しかし、基盤は、アプリケーションを支え必要なサービスを提供する要の部分。道長さんに言われた通り、ここが動かないと話になりません。

　そう考えれば、基盤のサービスを受けるアプリケーションの開発スケジュール

図3-2 基盤だから"現調"（現場調整、現地調整）で済むと考え、準備を怠ると後からリカバリーできなくなる

や、基盤を収容するスペース、設置環境である電源や空調など、確実なサービス提供を実現するための確認・すり合わせには、手を抜けないはずです。メンバーのスキルと頑張りにかかっている場合も多いアプリケーションと違って、物理的なハードウエアも絡む基盤については、調達先の事情や受け入れ側の環境など、後から頑張っても取り戻しにくい要素を多く持っています。使い回しの線表を手直ししてよしとするのではなく、プロジェクト全体を見て、整合を取る動きをすべきでした。

検証の責任範囲を明確にしておく

　第二に、「現調」にばかり目がいって、どんなプロジェクトでも必須のはずの検証計画が不足していました。「その場で現調して疎通確認まで」というレベルでこなせるプロジェクトもあるでしょうが、冷静に考えれば、検証の段取りがいらないことはないはずです。ハードウエアに余裕があるように見えても、パフォーマンス検証で確認しておく必要があるでしょうし、管理ツールや経路検索ツールと連携して、問題なく動作することが確認できなければ、基盤のサービス責任を全うしたとはいえないでしょう。

　もちろん、アプリケーションの担当が検証してもいいのですが、どこまでが基盤の責任で、どこからがアプリの責任かは、明確にしておく必要があります。そこをないがしろにしておいて、検証はアプリケーション担当がやってくれるだろうと高をくくっていると、今回の品川さんのように、土壇場になってから「この先は基盤の責任だよね」などと、思いもよらない部分まで押しつけられるかもしれません。

　実際に基盤の担当者がやるのかどうかにかかわらず、必要な検証作業を見極め、誰がいつ、何をやるのかを明確にするよう、立ち回るといいでしょう。計画段階であれば、「ここはアプリケーション担当でまとめて疎通確認をしたほうが効率的ですよね」といった話も通りやすいものです。

　第三に、稼働後の運用への配慮不足です。基盤系の設計内容は、アプリケーション系以上に、稼働後の運用に影響します。ジョブ管理、稼働監視、バックアップとリストア、ログの保管など、保守チーム（このケースでは現行チーム）の作業

第3章　アプリケーションと基盤

に関わってきます。

　どんなハードウエアとメディアを採用するのか、管理ツールはどうなっているのか、稼働監視の前提や連絡体制をどうするのかなど、発注前、設計前から、運用担当者との連絡・調整が必要になるはずです。

アプリケーションと基盤の考え方　▶ 両者で全体の要件を実現する

　アプリケーション担当と基盤担当、両方の側から見てきました。それぞれで注意すべきところをまとめてみましょう（**表3-1**）。

　ユーザーと頻繁にヒアリングを繰り返すなど、比較的ユーザーに近い立ち位置にいる場合が多いのがアプリケーション担当です。本来は、アプリケーションも基盤もなく、全体として要件を実現するのですから、業務量やサービス時間帯、セキュリティ要件など、アプリケーションの振る舞い以外の部分についてもきちんと押さえるための計画を立てましょう。自分で自信がなければ、基盤担当者を同席させてももちろんいいのです。くれぐれも、「基盤は誰かにお任せ」といった逃げ腰にだけはならないようにしましょう。

表3-1 アプリケーション担当と基盤担当のプロジェクトマネジメントの傾向と対策

要素	アプリケーション担当		基盤担当	
	傾向	考えるべきこと	傾向	考えるべきこと
体制	層が厚い	・基盤を含めて全体を網にかけたマネジメントを意識する	層が薄い	・アプリケーション担当など、関連部門との連携を早期に確立し、協力体制を作っておく
PMの兼務状況	担当するプロジェクトが少ない	・プロジェクトの独自性を、意識して基盤担当に伝える	担当するプロジェクトが多い	・プロジェクトの情報が、求めなくても入ってくる仕組みを作る
PMの意識	業務最優先	・実現手段としての基盤の重要性を意識する ・ユーザーの要件を洗い出す役割を担うため、丸投げではなく基盤担当を巻き込んで一緒に進める	現調（現場調整、現地調整）中心	・設計、検証、移行、運用などの計画を立てる
関係先	ユーザー中心	・ユーザーの近くにいるので、基盤担当に対してユーザーの立場やニーズを意識した連携を行う	運用担当、調達先など幅広い	・早期に関係者を見極め、巻き込み方を考える
前後関係	基盤に後続・依存	・開発、検証、移行などの重要イベントについて基盤担当とのすり合わせを重視する ・情報の変動が多いので、基盤担当とこまめに連携する	アプリケーションに先行	・開発、検証、移行などの重要イベントについてアプリケーション担当から情報を収集する ・リードタイムを意識して計画する

一方、基盤系を担当するPMは、アプリケーション担当や関連部門との連携を早期に確立し、協力体制を築くことがキーポイントです。いちいち問い合わせなくても必要な情報が入ってくるような仕組みを作っておくとよいでしょう。

　基盤ができて初めてアプリケーションの検証にかかれるなど、作業が先行する場合が多いので、全体計画を強く意識する必要があります。

　設計・検証・移行・運用など、基盤系の関わる範囲は意外に広いもの。従って、関係者と調整して検証計画を練ることが重要になります。業務ユーザーの関わりが薄かったり、開発時と運用時とでは担当者が変わったりすることもありますから、とにかく早期に関係者を見極めておくことです。

　本来はアプリケーションと基盤の区別などないほうがいいのですが、専門や得意分野の違いもあり、チームが分かれることも多いでしょう。分かれていても構わないのですが、両チームが相互に歩み寄って、全体としてのサービス提供を実現する必要があります。

まとめ

- アプリケーションと基盤は、担当が違っていても連携してプロジェクトを進める必要がある。
- ユーザーとの接点の多いアプリケーションの担当者は、基盤担当を巻き込んで、要件のヒアリングを行う。
- 基盤担当は検証や運用の計画がおろそかになりやすい。関係者を見極めて事前にすり合わせる。

第4章　保守と新規

「慣れ」が曖昧さを生む
不明点は計画でつぶそう

既存のシステムを改変していく保守開発と、ゼロから作り上げていく新規開発。システムも業務も熟知している保守開発では、「慣れ」がリスクになる。新規開発は、初めてで「見えない」ことを計画時につぶすことが鍵になる。

　プロジェクトマネジメントについての記事や書籍を読むと、新規開発のイメージで書いてある。でも、自分が担当しているのは、ここ何年も保守開発案件しかない…という声をよく聞きます。第4章では、保守（改変）開発と新規開発を、2人のプロジェクトマネジャー（PM）の事例から比較してみましょう。

保守開発 ▶「変更規模は大きくないので大丈夫」

　佐々木朋子は先月から、日経海上火災保険の基幹システム保守を担当している。日常の問い合わせ対応と、業務上のニーズに基づくシステム改変が保守チームの仕事だ。比較的大きな改変作業の場合、保守チームリーダーとは別に、開発責任者としてのPMが置かれる。今回の新商品対応プロジェクトでは、佐々木がその役割を務めることになった。小規模ながら新規開発プロジェクトのPMは過去に2回ほど経験があったので、彼女はさほど心配していなかった。ユーザーの顔が見えていて、メンバーのスキルも高い保守チームの開発プロジェクトには、それほどリスクがあるわけではない。
　上司の小野寺部長が、佐々木に説明した。
「要件定義は、佐々木さんがWebサイトのほうをやっている間に、永野君が進めてくれたよ」
　佐々木はうなずいた。要件定義が完了しているなら、3カ月の期間で大丈夫だ

ろう。永野をはじめ、保守チームにはベテランが多い。開発環境や標準化が整っているから、立ち上がりまでのロスタイムも短いはずだ。
「永野さんはプロジェクトに残るんですか？」
　佐々木の質問に、小野寺部長は首を横に振った。
「彼には例の内部統制の件に入ってもらう。水田さんと菊池君、川端君で切り回してもらえないかな」
　佐々木は少し考えた。水田と菊池は問題ない。2人とも5年以上、保守に携わっている。川端は確か、チームに配属されてまだ2年目だ。ユーザーからの受けは良いと聞いているが、経験はやや不足気味だ。
　実は、小野寺部長とのミーティング前に、少し永野から意見を聞いている。永野の話では、影響箇所は多いものの、それぞれの変更規模は小さいらしい。
「変更規模は大きくないので、大丈夫でしょう」

　保守開発を担当してからまだ日の浅い佐々木さん。部長とのミーティングは無事終わったようですが、保守開発特有のリスクに気が付いているでしょうか。一般的に、「新規開発よりも保守開発のほうがリスクは低い」というのは間違いとはいえません。ただ、一般論だけではマネジメントできないのがプロジェクト。どんなリスクが発現するか、見てみましょう。

　甘く見ていた、と佐々木は唇をかんだ。単体テストまで順調に進んでいるように見えていたのに、結合テストに入った途端に歯車が狂い出したのだ。
　まず、品質問題が発生した。川端が設計した処理に、不具合が多く見つかった。変更部分以外の処理が不正になっていたり、呼び出される画面間の整合性がおかしかったりするのだ。急きょ、水田を張り付けて確認させると、変更の影響によるいわゆる「デグレ」だった。タスク組み直しに頭を抱えているところへ、今度はユーザーからメールで問い合わせがきた。
　外部設計レビューのときに監査用月次チェックリストが見当たらなかったが、どうなっているかという質問だ。佐々木は問い合わせ元に電話を入れた。
「お問い合わせのチェックリストの件ですが…」

相手は、のんびりした声を出した。
「ああ、あれね。急がないんで、来週あたりフォーマットだけでも見せてくれませんか」
　佐々木は、穏やかな声を出そうと努めた。
「あのう、すみません、そのチェックリスト、要件定義書にも機能一覧にも載ってないんですが」
「セキュリティログって機能があったはずですが」
「はい。更新ログは機能にありますけど、監査用月次チェックリストというのはないんですが…」
　相手は、少しいら立ってきたようだった。
「ですから、更新ログ機能の中に、月次チェックリストの出力が含まれてるんですよ」
　佐々木は納得いかない様子で答えた。
「困りました。要件定義書の記載事項がすべてだと思っておりましたので」
「そうおっしゃられても。全体で共通の話なんで、こちらも要件定義書レビューのときには意識してなかったんですよね。永野さんには、ヒアリングのときに何度も申し上げたんですよ。そのあたりは、菊池さんと水田さんがよくご存じのはずです」
「そうですか。では、とりあえず、菊池にも確認して、検討してみます」
　受話器を置くと、佐々木は顔をしかめた。ともかく、追加の要件を押し込めるかどうか評価が必要だ。
「菊池さん、菊池さんはどこ？」
　佐々木の質問に、疲れた顔の水田が答えた。
「朝から開発センターに行ってます。業績管理がトラブってるらしくて」
　佐々木は、眉をつり上げた。
「業績管理に、どうして菊池さんが関係あるの？」
「業務管理部の稲本次長に呼び出されたんです。永野さんが出張中なんで、あのシステムに詳しいのは菊池しかいないって。DBの整合性の問題らしいです」
　佐々木は、椅子の背にぐったりと体を預けた。

佐々木さん、かなり苦しい立場に追い込まれているようです。どこに問題があったのでしょう。

まず、今になってみると、このプロジェクトの要件定義は、かなり杜撰になっていたようです（**図 4-1**）。保守開発の中で要件定義を進める場合、ユーザー側も開発側も、「とりあえずできる範囲で」といった中途半端なやり方になりがちです。期間と工数で契約した常駐保守などの場合、きちんと契約交渉をして期間や役割分担、取引金額を決めるわけではないため、すべてが曖昧になってしまうことがあるのです。そうなると、要件定義書などのドキュメントも不十分になりやすく、後で「言った、言わない」の原因になります。

長い付き合いによって、お互いの立場や気持ちが分かるようになるのは悪いことではありません。業務に精通して、ユーザーと「ツーと言えばカー」の関係になるのは理想的といってもいいでしょう。しかし、この関係が「慣れ」となって、面倒な手続きやそれぞれの立場での主張を省略するようになると、問題が出てきます。検討が不十分なまま行った合意には間違いがあるかもしれませんし、合意内容が文書化されていなければ計画から抜け落ちる可能性があります。当事者が必要性を理解したつもりでも、オフィシャルな決定事項にならなければ、チェック機構も働きません。

佐々木さんのケースのように、「○○さんがご存じのはずです」と言われてしまうと、反論がしにくくなります。合意の手続きを曖昧にした結果です。

図4-1 保守開発なので勝手は分かっていると甘く見ると、思わぬリスクに足をすくわれる

"慣れ"が原因で陥りやすい失敗
- 要件定義を経験のあるメンバーに任せきりにしてしまう
- 変更規模が小さいからと、少ないメンバーで作業を進めてしまう
- 担当者が別の案件の作業に追われて時間が取れなくなる

PMの考え：
- メンバーはシステムをよく分かっているから安心
- 変更規模が小さいから大丈夫

重要な要件に漏れ

見落とされたリスク
- **なれ合いで要件定義が杜撰になる**
  ユーザーと開発者が長い付き合いでよく分かっているからと面倒な手続きやドキュメント作成を軽視してしまう
- **変更の影響によるデグレード**
  変更規模は小さくても、他のシステムや機能への影響は大きい可能性がある
- **他システムの作業負荷見落とし**
  保守担当者は明確な兼務がなくても、プロジェクト外の作業を頼まれやすい

保守開発プロジェクトをマネジメントするときは、こういった「緩くなりがちな要件合意」をリスクとして捉え、きちんとヘッジすることが必要です。例えば、実施した要件定義の内容を評価するステップを置いて、要件の精度やドキュメントの整備状況を確認し、問題があれば、それを埋める方策をユーザーと協議しておく。きちんとした変更管理が必要なことについて、保守開発に慣れたメンバーの意識を確認し、ユーザーにもくぎを刺しておく。保守開発だからといって、合意やドキュメントをいい加減にしていいということはありません。

　次に、保守開発特有の問題として、整合性確保とデグレードがあります。要件定義を担当した永野さんによれば、今回の改変は「影響箇所は多いものの、それぞれの変更規模に小さい」とのこと。逆にいえば、変更規模は小さいが、影響箇所は多いということです。保守開発では、変更規模よりも、母体となるシステムの規模や複雑度が工数にはね返ります。ちょっとした変更が思いもよらない箇所に影響しないかどうか、分析や検証に神経を使わなければならないからです。新規開発であれば、どういう設計になっているか、開発メンバーの記憶も新しいものです。しかし保守開発では、何年も前に他人が決めた設計思想を読み取らなければならないことがあります。それは、ドキュメントに残されていないかもしれません。

　熟練した永野さんなら、あまり苦労せずに全体の整合性を確保して設計できたかもしれませんが、経験の浅い川端さんには荷が重かったようです。保守開発は、新規開発に比べると開発環境や標準化が整っていることが多いとはいえ、担当者のスキルによっては、思うように生産性が上がりません。

　そう考えると、変更規模だけを見て担当を割り当てるのではなく、熟練者をレビューアーにするとか、事前に設計ルールや開発プロセスの標準化について担当者に説明しておくとか、何らかの対策が必要でした。

明確な兼務がなくても手を取られる

　最後に、要員の作業管理です。特に担当外の並走プロジェクトには注意が必要でしょう。新規開発でもメンバーに兼務者がいるときは要注意ですが、保守開発では、明確な兼務プロジェクトがなくても、メンバーが担当プロジェクト外の作

業に手を取られるリスクが高くなります。これには三つの理由があります。

まず、新規開発のプロジェクトから、何かあったときに頼りにされるケースがあります。新規開発では、今動いているシステムに詳しい要員の数は限られるからです。第二に、保守開発要員はユーザーとの接触密度が高く、声をかけやすい存在です。第三に、新規開発プロジェクトと異なり、保守開発の作業範囲は限定されていないことが多く、問い合わせやトラブルの対応、操作説明などがスコープに入ってきます。

つまり、保守開発要員は、ユーザーから「声をかけやすく、頼りになる便利屋さん」と見られがちなわけです。ここでいうユーザーには、本来プロジェクトのステークホルダーではない人も含まれます。知り合いが困っているのに、「今の自分の担当ではないので」とは言いにくいのも人情でしょう。

プロジェクト立ち上げに当たっては、保守開発の担当を割り当てるだけではなく、運用中のシステムのトラブル対応や相談窓口は誰が担当するのかも確認しておく必要があります。プロジェクトメンバーが兼任せざるを得ないのであれば、プロジェクト外のタスクがどの程度発生するかを予測して計画に織り込み、予測を超えた場合の対処策を、上司やユーザーと合意しておきましょう。また、プロジェクト外の作業が発生した場合に、その工数やスケジュール、収束の見通しを把握しなければなりません。「PMに無断でトラブル対応に飛び出していく」といった無法状態が発生しないように、報告ルールや判断の責任者を定めておくとよいでしょう。

新規開発 「ガラガラポンでやります」

久留間司郎は、総務系ワークフローシステム再構築プロジェクトのPMだ。このプロジェクトを担当するようになってから、「ガラガラポン」が彼の口癖になっている。今日のセッション冒頭でも、久留間はこの言葉を使った。
「常務が『現状は一度捨てろ』とおっしゃった通り、今回のプロジェクトはガラガラポンで、しがらみなしにやります。ワークフローツールを使ったTo-Beモデルを提示しますから、それで業務が回るかどうかを評価してください」

白紙からあるべき姿を考える。そういう意味だと理解して、総務部主任の平川はうなずいた。
「設計書や仕様書なども新しく作るのですね？」
「そうです。運用設計も含めて、最新のユースケース書式で作ります。ガラガラポンですから」
　平川は、笑みを浮かべた。
「プロジェクトルームも新センターの一室で、気持ちがいいですね」
　久留間も笑顔で答える。
「そうですね。セキュリティも充実していますし、LANも太い。みんな張り切って、バリバリやれると思います。もうメンバーもそろっていますから、すぐに立ち上がりますよ。明日には、新人の大垣君が、ユーザー説明会を始める予定です」

　さて、PMの久留間さん、「白紙からあるべき姿を」と張り切っているようです。新規開発の場合、確かに保守開発と比べると自由度が高いですし、業務要件実現のためにあるべき姿を描くことは重要です。とはいえ、新規開発だからといって、すべてが「ガラガラポン」できるわけではありません。その後の要件定義レビューで何が起こったか、見てみましょう。

「そんなの聞いてない。困りますよ」
　大垣が自信のなさそうな口調で最終要件について説明を始めた途端、平川主任が、激した声を上げた。大垣に代わって、久留間が割って入った。
「聞いてないと言われてもですね、平川さん。To-Beモデルについて合意したじゃありませんか。大垣が説明会でモックアップもお見せしたでしょう？」
　平川主任は、首を横に振った。
「でも、現行で実現できている申請後取り消しができなくなるなんて説明はなかったし、そんなことになるとは思っていませんでした。それでは、レベルダウンじゃありませんか」
　確かに、説明が不十分だったかもしれない。大垣はワークフローツールには詳しいが、現行業務をよく知らない。しかし、初期のユーザー説明会は、大垣を中

心に回さざるを得なかった。新センターへの入館証の手配が遅れた上、ID生成に手違いがあったため、大垣以外のメンバーがメールのやり取りにも参加できない期間が1週間も続いたためだ。

　大垣をフォローするつもりで、久留間は言った。
「ええと、いったん起票したものは公式文書ですから、取り消すより上長が却下するほうがいいという考えだと思いますが？」
「理屈はそうですが、それでは回りませんよ。不備申請は、1日に何十件も上がって来るんです。いちいち部長に却下していただけるはずがないでしょう？」
　人事部の久保田次長も、資料をめくりながら顔をしかめた。
「うちも困るな。旅費精算の例外部分は、申請段階でチェックできないと。事後修正となると事務統制上も問題じゃないかな。監査部には相談したの？」
　大垣は、首を縮めたまま答えようとしない。平川主任が、少し冷静さを取り戻して、言った。
「仮に上長の却下を前提とするなら、講習会のようなものが必要になると思いますね。今でも、お願いするまで未決ボックスを開かない部長が多いですから」
　久留間に助け船は出せなかった。立ち上げ時期に、大垣に頼り過ぎたツケが回ってきたのだ。彼は、現行システムに詳しい保守チームの奥山を見て聞いた。
「現行では、そのあたりはどういう仕組みなの？」
「特に仕組みはありませんけど」
　やぶ蛇だった。奥山には、それとは別に言いたいことがあったのだ。
「そもそも、うちはこのレビューに参加しても意味ないんじゃないですか。ユースケースの内容すら聞いてないんですから。これじゃあ、うちで保守できません」

　滑り出しは上々だったはずの今回の要件定義、波乱含みになってきたようですね。何か、久留間さんの進め方に問題があったのでしょうか。
　まず第一に、久留間さんは、自分の「ガラガラポン」という言葉に、少し振り回され過ぎた感があります（次ページの**図 4-2**）。
　昨今では、新規開発といっても、全く何もないところからシステムを作り上げるというタイプのプロジェクトは多くありません。「現状はいったん捨てる」と

第4章　保守と新規

図4-2　新規開発は自由度が高い一方で、プロジェクトの阻害要因を計画時点で見落としやすい

いう理念が打ち出されたとしても、既存の仕組みに多かれ少なかれ影響を受けるものです。

変更内容や理由をクリアにする

　To-Be（あるべき姿）を議論するのは結構なことですが、その議論の中に「現状とどう変わるのか」を含めておかないと、ユーザーは妥当性を判断しにくいでしょう。業務最適化や統制強化の観点から、あえてサービスレベルをダウンさせることももちろん考えられるのですが、そういう場合こそ、「どうする」という結果だけではなく、「どう変わる」という変更内容や、「なぜ変えるのか」「なぜ変えても問題ないのか」という理由をクリアにしておかなければなりません。さらに言えば、「ガラガラポン」といわれるような全面業務見直しの場合には、「現状と変わらないこと」の内容や、「なぜ変えないのか」もはっきりさせておくことが重要です。そして、変えるにせよ、変えないにせよ、要件定義ドキュメントに明記して合意しておく必要があります。

　「現状は捨てて」などと掛け声がかかったとしても、ユーザーには「変わる」ことに対する抵抗や不安があります。なぜ、どのように変えるのかがクリアにならないと、かえって「現行通りでないと回らない」という固執を生むことになります。説明会やレビューで、現状からの変更点を確認するとか、現行の仕組みに詳しいメンバーをレビューアーに割り当てる、他社事例などの調査タスクを計画

するなど、抵抗や不安を解消して改革を実現する方策を講じたいものです。

　移行や周辺システムへの連動も考慮する必要があります。新規開発といえども、現行システムのスコープや外部インタフェースを意識して、あらかじめ To-Be の議論に含めておきましょう。さもないと、後で「聞いてない」「それでは回らない」の合唱を呼ぶことになります。

　次に必要なのは、保守開発への配慮です。保守開発であれば、ドキュメントのフォーマットや開発環境は、既存のものを利用できることが多いでしょう。メンバーも共通しているので、調整や引き継ぎの問題はあまり発生しません。しかし、新規開発の場合には注意が必要です。新規開発では、ドキュメントをプロジェクトに合わせて最適化したり、新しい開発環境を使ったりすることがあります。保守チームなどが別にある場合には、あらかじめステークホルダーとして巻き込んでおく必要があります。要件定義段階で文句を言われるのはまだよいほうで、稼働直前に異論が出ても、リカバリーする時間はもうないのです。

　ドキュメントの可読性や開発環境の使い勝手は、新規開発でも生産性に直結します。開発中にも変更が発生するわけですから、その点では新規開発作業は保守開発作業と共通です。ドキュメントやツールだけでなく、テストデータの整理と保存、変更の手順、障害時の連絡など、保守開発がやりやすい仕組みを作ることは、新規開発の効率化にもつながるのです。新規開発の中でもむしろ積極的に、保守チームの経験を利用する計画にするとよいでしょう。

メンバーの相互不安を取り除く

　最後に、新規開発では、「見えない」ことへの対処をあらかじめ考えておく必要があります。

　例えば、誰がステークホルダーか分かりにくいはずです。前述の保守チームぐらいは見当がついたとしても、業務統制の面から監査部が相談先になることなど、初めてのこともあって見落としやすいものです。

　また、開発場所も新設である場合などは、見えない部分が多くなります。入館手続きや環境設定、報告の方法、初期教育の必要性…。保守開発では自明のことが、すべて落とし穴になる可能性があるのです。

第4章　保守と新規

　普段当たり前に思っていること、何の気なしに実行していることなど、新規開発では、一つひとつ確認して、タスクに組み込んでいくことが必要です。過去の経験者へのヒアリングやチェックリストの作成、プロジェクト内での相互オリエンテーションなどで、早い時期に不明点をつぶしておくことが大切です。

　初対面のメンバーが多く、相互に気心が知れていないということもリスクの一つ。説明会にしろ、レビュー会議にしろ、最初が肝心です。初回実施時には、メンバーが相互の不安や不信を取り除き、尊重し合う関係を構築するよう、PMが心を砕く必要があります。

保守と新規の考え方　慣れのリスクと変更軽視のリスクに注意

　最後に、一般的に見られる保守開発と新規開発の傾向をまとめておきます（**表4-1**）。

　保守開発では、プロジェクトのメンバーがシステムや業務を熟知していて、関

表4-1 保守開発プロジェクトと新規開発プロジェクトの傾向と対策

要素	保守開発		新規開発	
	傾向	考えるべきこと	傾向	考えるべきこと
要件定義	甘くなりがち	・合意のレベルを評価し、問題があったときの対策を決めておく ・ドキュメント整備に手を抜かない	どうするかに特化しがち	・現状がどう変わるか、なぜかを明確にして共有する ・ユーザーの不安、不満を解消する進め方を計画する
ステークホルダー	見えやすいが、「見えない知り合い」もいる	・相談窓口などを明確にし、必要に応じて協力を依頼する	見えにくい	・影響先を意識して洗い出し、早期に巻き込む ・保守作業を意識する ・初対面が多いので、印象形成なども意識して関係構築策を講じる
設計ルールや標準の開発プロセス	見えているが暗黙知もある	・暗黙知を見える化する ・共有の手段を講じる ・未経験者へのフォローに留意する	見えにくい	・ヒアリングなどで情報を集め、不明点をつぶしておく ・新規に作る場合は、関係者と早期に共有しておく
難易度・工数	改修対象システムの規模に依存	・母体となるシステムの規模を考慮した調査・検証計画を立てる ・要員スキル差による生産性を考慮 ・母体の品質に配慮して対策を立てる	開発対象の機能に依存	・合意方法を工夫して決定を速め、手戻りを防止する
要員	統制しにくい	・プロジェクト外の作業についての報告や意思決定のルールを明確にしておく	統制しやすい	・スキルを評価してアサインする ・立ち上げ時に方針・ルールなどを共有しておく

係者とも長い付き合いによって分かり合えていることが、逆にリスクになることがあります。要件定義が甘くなったり、要員の作業を統制できなくなったりする恐れがあるのです。そうならないように、一つひとつの作業やアウトプットを明確化することを心掛けるようにしてください。

　一方の新規開発は、新しい業務やシステムを作ることにとらわれて、既存の業務やシステムからの変更を軽視しないように注意する必要があります。ステークホルダーやプロジェクト環境、開発ルールなど、プロジェクトを進める上で必要な情報やプロセスをどれだけ明確にできるのかも、成否に大きく影響します。

　あなたのプロジェクトではどこに留意すべきか、考える参考にしてください。

> **まとめ**
> - 保守開発は「慣れ」がリスク要因になり、新規開発では「自由度」の高さがトラブルを招く。
> - 保守開発では、要件定義が甘くなりやすい。ドキュメント整備に手を抜かず、改修部分以外への影響範囲を見極めて開発を進める必要がある。
> - あるべき姿を追求できる新規開発であっても、既存業務からの変更の妥当性評価をきちんと行う。

第5章　内製と外注

育成の実態はほったらかし
要求スキルは事前合意を

社内のメンバーだけで開発する内製と、協力会社に開発を依頼する外注。内製の目的の一つは社内要員の育成だが、現実はほったらかしになることも多い。発注先に要求するスキルを明確にしておかないと、外注による開発はうまく回らない。

　システムを開発する際、プロジェクトマネジャー（PM）にとって、開発の要員を自社メンバーでまかなうか、協力会社に担当してもらうかというのは悩ましい問題です。第5章では、システム開発を内製する場合と外注する場合で、2人のPMのやり方を比較してみることにします。それぞれののケースに、特有の課題があるようです。

内製 ▶ 「全員一丸となって頑張ります」

　諸富本部長が田丸由紀夫を自席に呼んで、伝えた。
「今度の法人情報システムの再構築だけど、構築部分を含めて内製化の方針でいくことに決まったよ」
「そうですか」
「一括での見積もりを何社かから取ってはみたんだが、どこも高くてね。コストメリットがないなら、自社でやろうってことになったんだ」
「なるほど」
　そのプロジェクトのPMを務めることになっている田丸は、ほっとしたように笑みを浮かべた。
「何だ、うれしそうだな」
本部長の言葉に、田丸はうなずいた。

> 「やっぱり、自社のメンバーで固められるとなると信頼感が違いますよ。みんなのスキルは分かっているので、適切にアサインできます。メンバーの成長も期待できるから、やりがいがありますしね」
> 「確かにそうだな。うちの法人営業部門は好き勝手を言ってくるほうだし、期間もあまりない。いろいろ大変だと思うが、一つ気合を入れて頑張ってくれ」
> 　田丸は、胸を張って答えた。
> 「全員一丸となって頑張ります。お任せください」

　プロジェクトの方針が内製と決まって、PMの田丸さんは張りきっているようですね。確かに内製の場合、自社の方針やビジネス目標を浸透させやすく、ノウハウを社内に蓄積できます。プロジェクトを通じてメンバーが成長すれば、それも会社の財産になるでしょう。しかし内製といっても、良いことばかりとは限りません。どんなことが起こるか、見てみましょう。

> 「まだ画面設計書が完成していないって？あと2週間で結合テストに入るんだ。優先機能から検証するにしても、いつまでも待ってはいられない」
> 　田丸は、進捗報告書を見ながら眉間に皺を寄せた。もう深夜に近く、疲れた目に映る数字もかすみがちだ。
> 　サブリーダーの平沼が、疲れ切った声を出す。
> 「SEの下田君、毎日遅くまで頑張ってるんですけどね。ユーザー側の担当が例の黒田部長代理でしょう。分かっているはずだと言って詳しく説明してくれないわ、出張で不在が多くてなかなか固まらないわ」
> 「なかなか固まらないって、いつ決まるの？期限は設定してるんだろう？」
> 「設定してますけど、黒田さんの出張が多くて、めどが立たないんだそうです。こっちの資料にも不備があり、その解消も待ってもらっているので強くも言えなくて。やっぱり下田君では力不足だったかなあ」
> 　平沼の説明を聞いて、田丸は腕を組んだ。
> 「彼は育成含みでアサインしたんだから、多少無理をしても頑張ってもらわないとね」

第5章　内製と外注

> 平沼は、手のひらで顔をこすった。
> 「田丸さん、やはりこの期間では厳しいですよ。増員の件、本部長に話してもらえました？」
> 田丸の顔色も平沼と同様、さえなかった。
> 「言うには言ったんだけど、例の内部統制対応で手いっぱいだって。本部の実情は分かってるはずだ、何とか全員で踏ん張ってくれと言われたよ」
> 2人は、ため息をついて顔を見合わせた。

　田丸さん、かなり疲れているようですね。進捗が遅れているのに、増員もままならない。一丸となって頑張るのも、楽ではありません。
　内製の場合の課題は、どの辺りにあるのでしょうか。

支援策を具体化しないと育成効果はない

　まず、中途半端な育成視点です。いわゆる「内製」の場合、育成的な視点を持って、要員をアサインする場合があります。今回のケースでも、下田さんは「育成含みでのアサイン」がされたようです（**図5-1**）。
　そのこと自体は悪いことではなく、プロジェクトを通じてメンバーが成長し、その成果を組織が享受できるのは内製の醍醐味ともいえます。しかし多くの場合、育成の観点でのアサインといいながら、「実態はほったらかし」ということにな

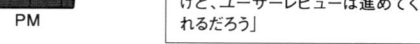

図5-1 同じ会社のメンバーで進める内製プロジェクトは、甘い思い込みがトラブルを招く

内製プロジェクトの甘い思い込み
- 「社内メンバーのチームなので、育成の観点でメンバーをアサインできる」
- 「信頼のおけるメンバーと一緒だから、一丸となって頑張れる」
- 「資料の不備が解消できていないけど、ユーザーレビューは進めてくれるだろう」

PMの思い:
- 自社メンバーで固めれば安心だ
- メンバーの成長も期待できるな

画面設計の遅れ

見落とされたリスク
- **実態はほったらかし**　スキルが不足した部分の支援について具体的な計画がなく、ほったらかしになる
- **客観視不足**　情緒的・主観的な意識が強くなり、根拠のない決意やあきらめが横行し結果が出ない
- **期限や仕様の合意が曖昧**　開発担当者の不備をユーザーがちゃんと指摘せず、期限や仕様の合意が曖昧になる

りがちです。負荷の高い仕事を、少し背伸びしてやってもらう、といえば聞こえはいいですが、それだけで育成効果は上がりません。

　ユーザーとの接し方、設計する際の考え方、スケジュール管理をはじめとする管理業務への取り組み方…。スキルが不足している部分をどう支援するか、具体的に計画できているでしょうか。適切なメンター役などの相談相手を配置する、レビューを通じて指導する、打ち合わせなどに際しては事前に準備状況をチェックするなど、心構えではなくやることを決め、そのためのメンバーも配置することです。

　闇雲に頑張って失敗体験を積むことにも育成効果がないとは言いませんが、あまり効率が良くありません。適切な支援のもとに成功体験を積ませるための計画を立て、他のプロジェクト計画と同様、実績をトレースしてギャップを補正する動きが必要です。

　育成効果の面だけではなく、スキルのミスマッチがプロジェクトの失敗要因になるとしたら、そもそも本末転倒といえるでしょう。外注の場合であれば、最悪の場合にはスキルのミスマッチを理由に協力会社に要員交代を申し入れることができます。しかし内部の要員の場合、交代は簡単ではありません。他に適切な職務が見つからなければ要員を遊ばせることになりますし、本人の執務意欲にも悪影響があります。「あのプロジェクトから外された」となると、人事上の評価に影響が出ることもあるでしょう。

　交代が難しいからこそ、失敗要因にならないように、あらかじめ支援策を用意しておく必要があるのです。一方で、支援策があっても役割を果たすことが無理と判断したら、思いきって早めに手を打つ決断力が必要です。「育成のためだから、もう少し踏ん張ってもらって…」などと、無策のままアサインし続けることは、プロジェクトのためにも、本人のためにもなりません。スキルミスマッチの問題は、本人だけでなく周囲のメンバーにも影響がありますから、「育成」の名に隠れて軽視しないようにすることです。

情緒的表現を容認してしまいやすい

　第二の問題は、状況評価における客観視の不足です。

このケースでは、関係者の言葉に、情緒的・主観的な表現が多いことに気付いたと思います。「頑張ってもらわないと」「踏ん張ってくれ」など。同じ社内だと、身内意識から、このような情緒的な「頑張れ」が横行し、客観的に状況を評価しなくなりがちです。会社のため、仲間のため、といった意識が強く働きますし、それぞれの立場がよく理解できるので、「自分ばかりわがままを言っても」「上司も苦しいのだからこれ以上言えない」といった、情緒的な表現を容認する空気が漂いやすいのです。

　しかし、根拠のない決意やあきらめは、いたずらに対応を遅らせるだけで、結果につながりません。プロジェクトの状況把握や対策の検討は、客観的・論理的に行う必要があります。「身内だから融通が利く」という面は、対策立案の幅を広げるところで使いましょう。内製では、外部の協力会社との契約による債務不履行の問題が発生しない分、スケジュールの見直しやスコープの調整など、思いきった手が打ちやすいはずです。

　個人の評価につながるから失敗を公言しにくいという側面はあるかもしれません。ですが、本来プロジェクト管理と人事上の評価は分離して考えるべきですし、散々先送りしてからの大ダメージに比べれば、早めの対処のほうが人事評価面でも良好でしょう。

　最後に忘れてはいけないのが、「同じ会社」ということで、期限や仕様の合意が曖昧になりやすいというリスクです。上記の客観視不足は、こうした問題となって表れます。「細かく説明しなくても分かっているだろう」「出張もあるし、そうすぐには決められないよ」という発言の裏には、「同じ会社なんだからそっちでうまく整理してよ」「少しぐらい遅れてもいいよね」といった甘えがあります。一方、開発担当者は開発担当者でユーザーに甘えて、資料の不備を解消できていないのにレビューに臨んでしまう。

　こういう事態になると、プロジェクトが前に進むはずがありません。会社が異なる外注なら契約書や作業報告書で責任・役割分担・期限・現状を共有しようとするはずです。内製の場合、「そこら辺りは堅いこと言わずに」「あうんの呼吸で柔軟に…」と曖昧になりがちなため、特に注意が必要です。内製であろうがなかろうが、プロジェクトは期限とコストの制約を受けるわけですから、「相互にき

ちんと約束し、責任を果たす」ことが重要です。期限管理や文書化の仕組みを作り、責任・役割分担・期限などの計画のベースラインをはっきりさせておきましょう。一つの会社でやるメリットを享受するのはその後です。

外注 「あそこならおなじみです」

桑原本部長が、大津和美を自席に手招きして伝えた。
「今度の顧客管理システム再構築プロジェクトだけど、外注する方針に決まったよ。うちにはタブレットPCのノウハウがないし、基盤再構築に人を取られて、メンバーのアサインも難しいからね」
「調達先は決まったんですか？」
「今、相見積もりを取っているところだが、カネシロソフトが有力だな。オフショアにも拠点があるから、コストを抑えられる。決まれば、要件定義から取りあえず2人入ってもらおう」
プロジェクトのPMを務めることになっている大津は、ほっとしたように笑みを浮かべた。
「あそこならおなじみですね。何とか間に合ってよかったですよ。すったもんだしているうちに、もう要件定義立ち上げ時期ですから」
本部長は、少し顔を曇らせた。
「本当は、うちもこれを機にタブレットのノウハウを蓄積したかったんだけどね」
「"スキトラ"用に、若いのを1人つけますか。カネシロさんなら、頼めば協力してくれそうです」
「その手もあるな。それはともかく、外注となると、ちゃんと品質管理を考えておかないとな」
「カネシロさんなら大丈夫でしょう。前に、人材情報のシステムで一緒にやりましたけど、なかなかしっかりしたSEが来ましたよ」

協力会社に仕事を依頼するのには、さまざまな理由があります。自社要員の不足、コスト削減のため、業務的・技術的なノウハウやスキルの移転（スキトラ：

第5章　内製と外注

スキルトランスファー）への期待、取引・資本関係など。当然、外注することのメリット、デメリットがあるはず。そこをクリアにして、制約事項やリスクへの対応方針を決めておく必要があるでしょう。「長い付き合いだから」といった理由で高をくくっているとどんなことが起こるか、見てみましょう。

「画面設計書は完成したとおっしゃいましたよね？」
　大津は、進捗報告書に視線を落とした。
　カネシロソフトのSE、小畑は自信ありげに答えた。
「はい。すべて出来上がっています」
　大津は、首をかしげた。
「しかし、ユーザーレビューが遅れて、手戻りも多いようですが」
　小畑はうなずいた。
「予定通りレビュー依頼をかけたんですが、なかなか承認していただけなくて」
「未承認では完成といえないでしょう」
　大津の剣幕に驚いたように、小畑は顔を伏せた。
「はあ」
「何か承認されない理由があるんですか？」
　大津の問いに、小畑は顔をしかめた。
「要件定義ヒアリングのときに出した要求が反映されていない、というご意見を頂いています」
「その通りなんですか？」
「さあ。その要求は、要件定義書に残っていないので。御社から頂いた画面ラフスケッチにもありません」
　大津はため息をついた。
「でも、小畑さんご自身、要件定義工程から参画されてますよね？」
「はあ」
「それなのに、もともとの要件なのか、そうでないのか分からないんですか？」
「あのう。画面設計書は、事前に御社の前原さんにレビューしていただいてます」
「そういう問題じゃないでしょう」

大津は、思わず机をたたいた。小畑については、既に部下でサブリーダーの前原からクレームが入っている。予定していたレビューアーを担当してもらうには力量が足りず、結局自分ですべてレビューする羽目になったというのだ。そんな状態だから、スキトラも進んでいない。
「前原だって、全部をチェックすることはできませんよ。とにかく、画面設計書を完成させなければ、実装に入れないでしょう。どうするつもりですか！」
「……」
　小畑は、下を向いたまま答えなかった。
　小畑との面談の後で大津は、カネシロソフトの営業兼主任担当者である田辺に電話をかけた。
「田辺さん、ちょっとご相談があるのですが…」
「ああ、大津さん。ちょうど、こちらからもご相談しようと思っていたところです。うちのメンバーによれば、上位ドキュメントに不備が多くて、相当手戻りが出ているようですね」
　何ですって。大津は、怒りが膨れ上がるのを覚えた。それもこれも、そっちの要員のせいじゃないの。高い単価を取っておいて、どういうつもりなの。ずっと我慢していたけど、今度という今度は許さない。そっちの責任で、とにかくリカバリーしろと言ってやる。
　受話器を握る大津の指に、思わず力が入った。

　おやおや大津さん、爆発寸前になってしまいました。こんな状態に陥ったのは、協力会社のカネシロソフトのせいなのでしょうか。あながちそうとも言い切れません。どこに課題があるのでしょう。

スキルミスマッチの評価が遅すぎる
　まず、要員のスキルや役割について、協力会社との合意形成と評価が不足していたようです。大津さんは、「前に来てくれたメンバーがしっかりしていたから」と、何となく安心していたようですが、会社は同じでもメンバーはさまざまですし、主任担当者や営業といった窓口の担当も交代します。つまり、その時々でき

第5章 内製と外注

外注先への過度の期待
- なじみのあの協力会社なら確実だ
- スキルトランスファーもお願いしよう
- 「前回のメンバーはしっかりしたSEだったから、今回も大丈夫だ」
- 「レビューと承認が済んで初めて画面設計は完了だ」
- 「高い要員単価を払っているんだから、ちゃんとやって当然だ」

→ 画面設計に大きな手戻り

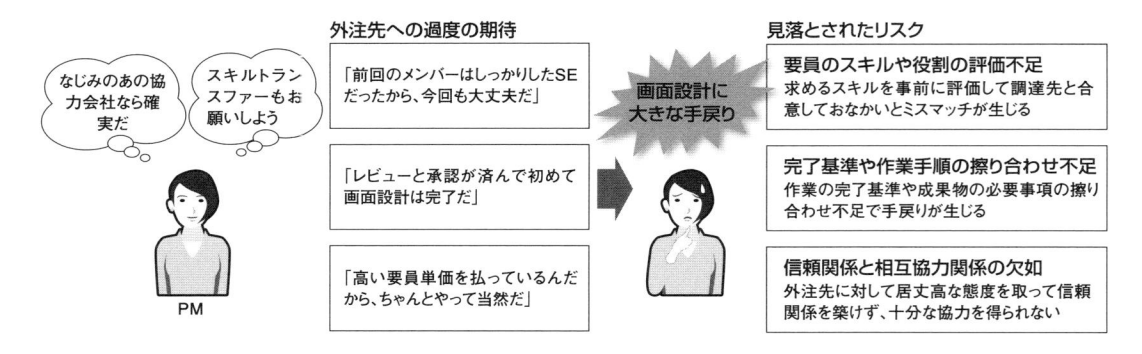

見落とされたリスク
- 要員のスキルや役割の評価不足
  求めるスキルを事前に評価して調達先と合意しておかないとミスマッチが生じる
- 完了基準や作業手順の擦り合わせ不足
  作業の完了基準や成果物の必要事項の擦り合わせ不足で手戻りが生じる
- 信頼関係と相互協力関係の欠如
  外注先に対して居丈高な態度を取って信頼関係を築けず、十分な協力を得られない

図5-2 外注先に過度な期待を抱いても、思ったような成果は得られない

ちんと評価しないと安心できないということです。

今回、コスト抑制も外注先選定の大きな要素になっていたようですが、そもそも、果たしてもらう役割や必要なスキルについて、きちんと協力会社と相談できていたのでしょうか。「取りあえず2人入ってもらおう」という桑原本部長の言葉からは、とにかく急ぐからすぐ来てもらえる人を、という姿勢が読み取れます。「ノウハウがないので要件定義から引っ張ってもらい、外部設計ではレビューアーとして活躍してもらいたい。スキルも自社の若手に引き継いでほしい」という大津さんの盛りだくさんな期待と、協力会社選定時の前提が合致していたのか疑問です（図5-2）。

また、要件定義が終わり、外部設計も終結に近づいたところで、スキルのミスマッチを問題にするのでは遅すぎます。要件定義をスタートして1週間もすれば、期待している役割が果たせそうかどうか判断がつくはずで、協力会社の営業担当者にコンタクトするならそのタイミングでしょう。仮に交代するとしても、要件定義にも外部設計にも参画していなかったメンバーに変えるのは、かなりリスキーです。スキル評価はタイミングを決めて、早めに実施する必要があります。

暗黙の了解は通用しない

次に、作業の進め方や作業のインプット情報、完了基準、期限についての擦り

合わせが不足していたようです。当初、小畑さんは画面設計書を「完成」と報告していましたが、大津さんから見れば、「レビューと承認を経て初めて完成」というのが常識。完了基準についての認識が異なっていたわけです。会社が違えば文化や用語が異なる場合があるので、外注する場合には、事前によく擦り合わせて、食い違いが出ないようにしておく必要があります。

　作業のインプット情報についても同様です。小畑さんの「要件定義書と画面ラフスケッチをインプットとして画面設計作業を進める」という認識は、あながち間違いとはいえません。ドキュメント化されていない要件は無いものとして進める場合もあるからです。もし、「要件定義書の網羅率は高くないので、それだけではなく、ヒアリングの際の要望事項も画面設計に反映する」ということなら、議事録なども作業にインプットする必要があります。

　要件定義書をベースラインとして設計を進めるのか、要件定義書以外に参照すべきインプットがあるのか、ドキュメント上不明確な事項については誰がどうやって判断し、どのように記録に残すのか。社内では暗黙の了解になっているかもしれませんが、外注の場合には通用しません。内製の場合よりも慎重に、ルール文書などで擦り合わせておく必要があるでしょう。これは、本来は契約時の交渉事項になります。実務的には、契約とは別に、主任担当者や実務担当者に説明することも多いでしょうが、重要事項なので、口頭で簡単に済ませないのが鉄則です。

　「期限優先」といった方針も、共有しておく必要があるでしょう。契約によっては完成責任を負わない場合もありますが、見通しを持って作業を遂行してもらい、間に合いそうにない場合にすぐに相談してもらえるように、情報は共有しておくべきです。社内要員のように育成する対象でなかったとしても、働きやすさや意欲は生産性に直結します。怒るときだけではなく、こまめにコンタクトするようにしたいものです。

居丈高にならずお互いに歩み寄る

　最後に、最も重要なこととして、信頼関係と相互協力関係の構築がまだ不足しているようです。大津さんはかなり熱くなっていますが、このような交渉で、「思

い知らせてやれ」とばかりに居丈高になるのは禁物です。「協力会社」と呼ぶように、殲滅すべき敵ではなく対等なパートナーなのですから、必要なスキルや起こっている問題を冷静・正確に連絡し、相談するのがよいでしょう。

　このケースからは、一方的にどちらが悪いというわけではなく、お互いに歩み寄るべき点があることが分かります。大津さんは擦り合わせの努力をすべきだったでしょうし、小畑さんも、不明点を自分勝手に判断せず、確認すべきでした。外注の場合、相互に判断基準や価値観が異なるため、特に注意が必要です。

　「こちらの言うことはすべて聞いてくれ。そちらの言い分は聞かない」といった一方的な接し方は、お互いのためになりません。発注元は顧客だという意識から、表面上は調子を合わせたり、丁寧に応対してくれたりするでしょう。ですが、発注元が協力会社を評価するのと同様、協力会社も発注元を値踏みしています。勝手なことばかり言って良いビジネスにならないような相手には、面従腹背で接して、ダメージを極小化しようとするのも当然のことです。その場は押し切れたとしても、後で必ずしっぺ返しを食らいます。

内製と外注の考え方　判断の仕組み、必要なスキルを明確化

　最後に、内製と外注、それぞれの留意点をまとめておきます（**表 5-1**）。

　内製のプロジェクトは、自社の方針やビジネス目標を浸透させやすく、開発のノウハウを社内に蓄積できるなどのメリットがあります。エンジニアのスキルも把握しやすく、開発のルールも徹底しやすいでしょう。半面、社風によっては、状況を客観視しづらくなるリスクがあります。メンバー間で甘えやもたれ合いが起こらないよう、ファクトに基づく判断や報告の仕組みを作ることを心がけてください。

　一方、プロジェクトが自社にないスキルを必要とする場合などには、外注が不可欠になります。外注の場合、発注先の要員のスキルが見えにくいので、どういうスキルが必要なのか、発注先にどのような役割を期待しているのか、要求を明示的に伝えることが重要です。こちらの言い分だけではなく、発注先の言い分や利益も意識して、「こちらも協力するから、そちらの協力もお願いする」「お互い

表5-1 内製プロジェクトと外注プロジェクトの傾向と対策

要素	内製		外注	
	傾向	考えるべきこと	傾向	考えるべきこと
スキル	見えている	・育成の観点でのアサインなど、ミスマッチ要素があれば具体的補完策を講じる ・期待感に流されず、冷静に評価する	見えにくい	・要求を明示的に伝える ・タイミングを決めて早期に評価する
役割・完了基準	浸透しやすい	・甘えやもたれ合いが発生しないように、ベースラインを明確にしておく	浸透しにくい	・暗黙の部分を残さず明示し、文書化する ・スキルトランスファーなどの計画を具体化する
要員管理	プロジェクト遂行以外の目標がある	・育成目標と手段を明確にしておく ・プロジェクト運営と人事評価を分離する	プロジェクト第一で考えられる	・契約上の対等なパートナーであることを意識する ・意識してコンタクトの密度を高める ・居丈高になったり説教モードになったりせず、節度を持って接する
客観視	社風によってはやりにくい	・ファクトに基づく判断や報告の仕組みを作る ・影響や対策など、概念ではなく具体的に共有する	自社の立場にバイアスがかかりやすい	・相互の立場の違いを客観視する ・感情的にならず、目的遂行のためのコミュニケーションを取る
価値観	一致しやすい	・目的、目標を共有する ・「伝えなくても通じる」と思い込まず、文書化や説明に留意する	一致しにくい	・Win-Loseではなく、Win-Winの枠組みを作って交渉する

の利益のために、こういうやり方にしてはどうだろう」といったWin-Winのスタンスを維持するようにしましょう。

> **まとめ**
>
> ● 内製は客観視の不足がリスクになり、外注は発注先への過度な期待がトラブルのもとになる。
> ● 内製では、要員の育成もプロジェクトの目標の一つになる。ただしきちんと育成計画を立てないと、実態はほったらかしの状態になりやすい。
> ● パートナーとなる外注先とは、スキルや作業内容について事前に合意し、信頼関係構築に留意する。

第6章　既存ユーザーと新規ユーザー

建前だけの役割分担は危険
自ら情報を取りにいく

一緒に仕事をしたことのある既存ユーザーと、初めての新規ユーザー。本音と建前のバランスで成り立つ既存ユーザーとの関係は、簡単に崩れやすい。新規ユーザーとのプロジェクトは、情報収集を徹底することが大事だ。

　プロジェクトの成果を享受するのはユーザーです。そして、プロジェクトの成否を決めるカギを握っているのもまたユーザーです。プロジェクトマネジャー（PM）にとって、ユーザーが過去に一緒に仕事をしたことのある既存ユーザーか、初めての新規ユーザーかは大きな違いです。第6章では、この二つのタイプのユーザーとのプロジェクトを比較してみましょう。

既存ユーザー　「いつものやつをコピーすればいい」

「プロジェクト計画書、どうしますか？　PMOの友永さんが、原案をレビューしたいそうです」
　ニッケイ物産の稟議ワークフローシステム構築プロジェクトのプロジェクトリーダー、小澤が、PMの玉城勇太に尋ねた。玉城は、要件定義セッションのスケジュール表に手を加えながら、半ば上の空で答えた。
「いつものやつをコピーして、日付だけ変えておけばいいだろう。新規開発といっても、ニッケイ物産の仕事は、いつも同じ書式を使うし、成果物も決まっている。進捗報告のやり方も変わりないからね」
「組織図だけ、見直しておいたほうがいいですね」
　小澤の発言に、玉城はうなずいた。
「内部統制委員会の人を組織図に入れてくれって言われてるからね。（利用部門

である）総務部の伴野次長も異動らしいし」
「それに、うちのメンバーも少し変わりますしね」
「山野主任、異動だったな。十年常駐してたんだから、潮時だよな。契約のほうは、営業に確認した？」
　小澤はPCに向かって、着信メールを確認した。
「ええと、昨日、社内決裁が終わってますね。提示価格について、ちょっともめてましたけど」
「契約条件は今さら見直せないし、営業も大変だな。まあ、キックオフに間に合ってよかった」
「キックオフミーティングには、島崎本部長も出られるんでしたっけ？」
　玉城は、首をかしげた。
「どうだったかな。まあ、いつものことだから、ちゃんちゃんで終わるだろうけどね」

　既存ユーザーとのプロジェクトは、こんなふうに始まるケースが多いようです。一緒に作り上げてきた慣例もあるので、プロジェクト計画書は過去のものを流用。契約条件やコストについても、実績に基づいて決着。この後どうなるか、見てみましょう。

　進捗報告書を眺めながら、玉城が顔を曇らせた。
「また、移行計画書がネックか」
　小澤は、仕方がないと言わんばかりに肩をすくめた。
「ニッケイさんはいつもそうですね。情報システム部門は弱いし、総務部が工数を取れないから、移行計画ができない。こちらで引き取るしかないですよ」
　玉城は、スケジュールをにらんだ。
「結合テストの期間は見直さないとな。移行計画に工数をかけると、結合テストシナリオが進まなくなる」
　小澤が心配そうに尋ねた。
「品質評価報告書の件は、どうしますか？」

第6章　既存ユーザーと新規ユーザー

　内部統制委員会から、繰り返し要請されている件だ。だが、単体検証のエビデンスを取り直すとなると相当な労力がかかる。内部統制委員会については、これまで山野主任がそつなく応対してくれていたのだが、彼はニッケイ物産の担当から外れてしまった。
「趣旨は分かるけど、今、取り組んでる余裕はないな。スケジュール変更と併せて、暮石次長を説得しよう。そもそも移行計画の遅れが問題なんだし」
　ニッケイ物産では、プロジェクト責任者である現場の次長クラスに、かなりの決定権が与えられている。従って、キーパーソンさえ説得することができれば、上位マネジメントからひっくり返されるリスクは低い。これまでも、それでうまくやってきた。
　玉城が顔を上げると、ちょうど、総務部の暮石次長が近付いてくるところだった。伴野次長の後任で急きょプロジェクトの責任者を引き継いだ彼女は、これまで、玉城と小澤を頼り切っていた。それだけに、玉城は暮石次長を簡単に説得できると踏んでいたのだが、どうも、次長の顔つきはいつもと違って険しい。
「暮石さん、実はちょうどご相談したいことが…」
　玉城の言葉を遮って、暮石次長が口を開いた。
「玉城さん、品質評価報告書がまだ出ていないって、どういうこと？」
　暮石次長は、両手を腰に当てて玉城をにらみつけた。
「内部統制委員会から呼び出しがあったのよ。このプロジェクトは、進捗も遅れてるから要注意だって」
　玉城は、大きく息を吸い込んでから、答えた。
「遅れてるのは主として移行計画です。総務部では必要な工数を割けそうにないので、少しこちらから踏み込んだ支援がいるだろうと、ちょうど今2人で…」
「システムの移行計画書でしょ？もともとそちらで支援してくれることになっていたはずでしょう？」
　玉城は、目を白黒させた。
「はあ、しかし、タスクリストでは…」
「それは建前でしょう。総務が工数を割けない状況はご存じですよね？パッケージの機能が足りないから回避策を考えろって言われるし、結合テストのシナリオ

> もレビューしなくちゃいけないし」
> 「そのことなんですが、今の状況では、少し結合テストのスケジュールも見直したほうが…」
> 　助け船のつもりで口を出したのに、小澤の言葉は、火に油を注ぐことになってしまった。
> 「本部長名で通知したテストスケジュールを、簡単に見直せるわけがないでしょう。移行計画も品質評価報告書も、最初から分かってたことでしょう。違う？」
> 　それはそうなんだが、と、玉城は思った。どうも今回は、いつもと勝手が違うようだ。

　対応に慣れている既存ユーザーが相手。それが今回のプロジェクト特性のはずでしたが、玉城さん、ちょっと勝手が違って手を焼いているようですね。注意すべきポイントをチェックしてみましょう（**図6-1**）。

　まず、ユーザー側の体制や意思決定についての配慮です。既存のユーザーとの仕事であれば、意思決定プロセスや体制・役割分担について、ある程度見通しが利いているはずです。このケースの場合も、「現場の次長クラスを説得できれば、まず決定をひっくり返されることはない」「移行計画に関しては、建前上はユーザーの役割だが、引き取って支援するしかない」といった読みは当たっていたと

図6-1 既存ユーザーとのプロジェクトは、少しの変化で危機を生じやすい

PMの思考（従来のやり方で考えた甘い見通し）:
- いつも通りで大丈夫だ
- 組織図だけ修正すればいいな
- 「移行計画はユーザーから引き取って、その分結合テスト期間は見直す」
- 「主要な開発メンバーが異動するけど、潮時だからしょうがない」
- 「現場の次長クラスを説得できれば、ひっくり返されることはない」

→ ユーザーとの関係悪化

見落とされたリスク：
- **本音と建前の崩壊**　本音と建前の二本立てで構築していたユーザーと開発者の関係は崩壊しやすい
- **開発側のスキル低下**　継続案件では「エース級」の担当者が抜けて、チーム内のスキル低下が生じる
- **開発側とユーザーの交渉手段の欠如**　コンタクト先や過去の問題の経緯などが属人化していて交渉を進められない

いえるでしょう。

　ただし、読みが当たっても、うまく進められるとは限りません。例えば、建前にとどまったままにしてきた部分です。移行計画についての役割分担が、これに当たります。計画上はきちんとユーザーの役割として定義しているようですが建前でしかなく、過去の実績をみると、開発サイドで踏み込んでユーザーを支援してきたのは誰が見ても明らかのようです。

　こういった建前だけの役割分担は、実務上あまり役に立ちません。法律的な闘争になったら勝てるかもしれませんが、今回のように、「支援してくれるはずでしょう」と暮石次長に言われてしまうと、突っぱねるのは難しいはずです。「これまでも支援してきた」という実績があり、「ユーザーにできるかどうか、分かっているはずだ」と逆襲されると、建前にすぎないタスクリストを掲げても反論しづらいのです。

　本音と建前の間の微妙なバランスで構築している関係は、ちょっとした情勢の変化にもろいもの。このケースのように、先方の責任者が変わるだけで、簡単に崩壊してしまいます。一度出来上がった慣習のような役割分担を見直すことは難しく、建前よりも実績、つまり本音の部分が優先されるかもしれないのです。

　既存ユーザーと仕事をするときには、こうした建前にすぎなくなってしまった部分を、適宜リセットしておくことが必要です。過去の実績で「ユーザーには無理」と分かっているなら、最初から開発側の工数として見積もり、体制を作っておくなどしておけば、建前に足をすくわれることはないはずです。

　併せて、意思決定や体制の変動要素もモニターしておくとよいでしょう。そして少しでも不明点があるなら、早めにステークホルダーとコンタクトして、変動の影響を探っておくことが重要です。

役割・タスクをきちんと引き継ぐ

　第二に、開発側の体制についての検討です。既存ユーザーの場合、ユーザー側から開発メンバーの顔が見えているという特徴があります。そのためユーザーの立場からすると、業務知識や仕事をさばく力量など、個々の担当者に対してバイネームで期待してしまいます。しかしPM側からすれば、開発側の組織の都合や

メンバーのスキルアップのため、必ずしもユーザーの希望に添えない場合もあります。それまで内部統制部門との応対を一手に引き受けていた山野主任が担当を外れたことは、品質評価報告書の件で合意形成に手間取った理由の一つでしょう。

　新規ユーザーとの間で体制を組む場合であれば、まず必要なタスクや役割を洗い出し、それを実現するための体制を考える、といった正規の段取りで進めるはずです。しかし既存ユーザーの場合、過去の実績やユーザーが期待している役割・タスクが、きちんと体制に引き継がれるかどうかが問題になります。「あの人だからできた」という個人属性に終わらせず、きちんと組織の財産として引き継ぐ必要がありますから、山野さんが外れると分かった時点で、ノウハウやタスクを洗い出す作業が必要だったでしょう。

　開発を担当するのがベンダーの場合、新規ユーザーと仕事を始めるとき、特にそれが重要顧客であれば、意識して「エース」を投入することがあります。顧客の信頼確保や取り引きの継続・拡大を狙って、経験・力量を備えたメンバーをアサインするのです。このとき、後続案件になるとエースは引き抜かれて、また新たな開拓案件を担当することが多いようです。

　それはそれで会社の方針として分かるのですが、プロジェクトを預かる立場からすれば、そのギャップをどう埋めるのかは、考えておく必要があるでしょう。決定事項やノウハウを文書化しておいて、確実に引き継ぐのは、最低限必要なことです。

　とはいえ、体制面でいつも万全を期せるわけではありません。ユーザーに対しては、分からないことは分からない、できないことはできないとはっきり言って、一緒に推進体制を構築すべきでしょう。ユーザーの方針で内部統制委員会を体制に組み込むのであれば、どういう役割なのか、どういった情報提供が必要なのか、といった確認が必要だったはずです。キックオフミーティングは、「ちゃんちゃん」で済ませずに、これまでと違う点の確認と合意に当てるべきでした。

関係を整理し、折衝に備える

　最後に、ユーザーと開発側の関係の整理です。当然ながら、既存ユーザーであっても、折衝は発生します。いや、既存ユーザーだからこそ、それまでの慣行だけ

でなく、そもそも契約がどうなっているのか、誰が誰とコンタクトしているのか、使えるチャネルはどれなのか…といった点を整理しておくべきです。

　暮石次長との交渉がうまくいかなかったら、先方の本部長に話を持ち込まなければならないかもしれません。誰がカウンターパートにつくべきでしょうか。これまでに、誰が話したことがあるでしょうか。過去に問題が起こった経緯はあるでしょうか。そういったことが整理されていないと、折衝の切れ味も鈍ります。

　既存ユーザーなのだから当然持っているはずのそうした情報が、バラバラの個人に散逸していて、組織として活用できないことは案外多いもの。立ち上げのタイミングから整理しておくとよいでしょう。

新規ユーザー 「私もまだ、行ったことがないんですが」

　明日はいよいよキックオフミーティングだ。
　ニッケイシステムのPM、館林健二は、張り切っていた。今回、人事申請ワークフローシステムを構築するプラチナ出版は、新規ユーザーだ。5社のコンペに勝ち残って受注したのは、パッケージで導入済みの人材管理システムを補完する、いわば積み残し解消のプロジェクト。規模は大きくないが、プラチナ出版では、「ドリームキャッチ」の名のもとに、経費精算や総務系の社内手続きなどの合理化を検討している。つまり、今回導入するワークフローが評価されれば、同じエンジンを使ったビジネス展開も期待できるのだ。
　合理化計画の詳細は把握していないが、かなり大規模なものらしく、社内でも期待が大きい。何としてでも、成功させなければ…。
　プロジェクト計画書については、契約折衝と並行して、メールで擦り合わせた。先方の体制図もあるし、当面のタスクや会議体についても決まっている。未決事項はあるが、滑り出しとしては十分だろう。
　通りかかった久保本部長が、館林に声をかけた。
「明日から、プラチナ出版さんだね」
「はい」
　館林は、本部長に笑みを返した。

「場所は、本町だったっけ？」
「はい。新しい高層ビルらしいですね。私もまだ、行ったことがないんですが」
　本部長は、館林の返事に何か言いたそうに首をかしげたが、結局、励ましの言葉だけを口にした。
「まあ、しっかりやってくれ。次につながないとね」
「了解です。任せて下さい」
　館林は、もう一度プロジェクト計画書を取り上げ、入念な再チェックを始めた。

　館林さん、張り切っています。新規ユーザーで、会社からも期待がかかっているのが、良い意味での緊張感につながっているようです。しかし、久保本部長には何か気がかりなことがある様子。少したった後のシーンを見てみましょう。

　キックオフミーティングの開始は遅れた。館林以下２人が、本町シンコービルへの入館に手間取ったせいだ。総務部で写真撮影と入館登録を済ませないと会議エリアに入れないことが、ビルに到着してから分かったのだ。営業担当の村岡が同行しなかったため、勝手がつかめなかったことも災いして、会議室に着いたのは、会議予定時刻の10分後だった。
　会議室では、プラチナ出版の４人が、じりじりしながら待ち構えていた。慌ただしく行われた名刺交換で、館林の動揺はさらに増した。その場で最も年配らしい白髪の紳士が、「出版局長 執行役員」の名刺を差し出したからだ。これは痛い。先方の役員が出席するなら、当然上司を同行すべきだった。
　情報をくれなかった村岡を恨みながら、館林はプロジェクトリーダーの岡部に目くばせして、プレゼンの準備を急がせた。これ以上手間取って、先方の時間を無駄にするわけにはいかない。
　しかし、岡部がバッグからPCとプロジェクターを取り出すと、先ほど事務統括部長の名刺を差し出した高野という女性部長が、顔をしかめた。
「PCの持ち込み許可は取っておられますか？」
　持ち込み許可？そんな手続きは知らなかった。急きょ、配布資料だけでプレゼンを実施することを決意した館林の赤い顔を、プラチナ出版の４人は、困惑した

ように見つめている。

　館林がようやくプレゼンの準備を整え話を始めようとしたところで、今度は白髪の出版局長が言い出した。
「キックオフの恒例によりまして、最初に、私からプロジェクト方針に関してご説明します」
　うわ、また不意打ちだ。館林の顔から血の気が引いた。この場で方針説明があることは聞いていない。
　出版局長は、うろたえた館林の顔にしばし視線をとどめてから、続けた。
「ご承知のように、今回のプロジェクトは、ビジネス革新3カ年計画『ドリームキャッチ』の先鞭をつけるものです。ドリームキャッチは、そもそも一連の構造改革プラン『スーパーノヴァ』のうちの、事務効率化ドメインを担うものです。ニッケイシステムさんもご承知かと思いますが…」
　局長の視線に、館林はひるんだ。手元の印刷資料に、「ドリームキャッチ」のキーワードはちりばめられている。しかし、「スーパーノヴァ」のスの字も、館林は聞いたことがなかったのだ。

　キックオフミーティングに臨んだ館林さん、新規ユーザーの恐ろしさが、かなり身に染みたのではないでしょうか。館林さんには改めて説明する必要もないかもしれませんが、新規ユーザーとのプロジェクトの留意点を挙げてみましょう（**図6-2**）。

　まず第一に、新規ユーザーの場合、ユーザーの意思決定プロセスがよく分かっていません。出版局長、事務統括部長などのステークホルダーが、それぞれどんな役割を担い、どこまでの権限を持っているか、はっきりしていないはずです。今回のケースのように、「キックオフのタイミングから、担当執行役員がプロジェクトにコミットする」ことも分かっていないなど、営業段階で「見えていない」ステークホルダーが存在するのも普通です。プロジェクト立ち上げ前の営業段階で顔を見せるプレーヤーは、全体のごく一部にすぎないと考えたほうがいいでしょう。

　一方で、過去のしがらみがないので、一から「あるべき役割分担」を設計しや

キックオフ前の不十分な備え

- 「プロジェクト計画書はメールで擦り合わせ、体制や会議体も決まっている」
- 「合理化の詳細は把握していないが、大規模な合理化計画らしい」
- 「プロジェクトルームの場所は新しい高層ビルだが、行ったことはない」

PM:「なんとしても成功させなければ」「うまくやれば追加案件も期待できる」

→ キックオフミーティングで失敗

見落とされたリスク

- **意思決定プロセスが分からない**
  ステークホルダーの役割、権限がはっきりしないままキックオフを迎えてしまう
- **業務や課題の把握不足**
  開発するシステムに直接関係しないユーザーの経営課題などが把握できていない
- **仕事のルールの確認不足**
  入館手続きや会議の進め方を事前に確認せず、その場になってトラブルが起こる

図6-2 新規ユーザーとのプロジェクトでは、入念な事前の情報収集が不可欠

すいともいえます。そのためには、主体的に、意思決定プロセスに関する情報を収集しておく必要があります。営業担当者に、「キックオフミーティングに出席するのは誰か」「その人はどういう立場なのか」を問い合わせることは、充分できたはずです。事前に面談して、キックオフの進め方や議題を相談することで、先方の内情を探ることもできます。そもそも、キックオフの前にコミュニケーション管理を検討しなければいけないのですから、自分から機会を作って情報を取りにいくべきでしょう。

基本的な事項を聞き出せる土壌がある

　第二に、先方の業務や課題についても、未知数の部分が残っているはずです。館林さんの場合、プレゼン資料に「ドリームキャッチ」のキーワードを埋め込んでいるようですが、「とりあえず聞いた話で知ったかぶり」はいただけません。ドリームキャッチとは何なのか、どういう課題認識なのか、より上位の経営課題にはどんなものがあるのか、と、ユーザーのビジネスに寄り添う必要があります。

　新規ユーザーの場合、当初はPMに理解がないことを、先方は分かっています。つまり、どんな基本的な事項でも、聞き出せる土壌があるのです。知らないことは堂々と知らないと言って、先方の話を聞き出すようにしましょう。コンタクト機会が少ない場合はなおさら、どんな情報でも貴重ですから、営業などの社内の部署と役割分担して、情報収集と共有に努める必要があります。

第三に、手続きや慣習など、仕事を進める上でのルールにも、分かっていないことが多いと知るべきです。今回のケースのような入館手続きやPCの持ち込み、会議の進め方など、事前に確認できていなかったせいで、館林さんは冷や汗をかく羽目になりました。前述の情報収集努力に加えて、ここでは事前シミュレーションの考え方を取り入れるとよいでしょう。

　新しいビルを訪ねるのはキックオフが初めてという館林さんの話を聞いて、久保本部長は驚いたようでした。いきなり、キックオフミーティングのような本番イベントに臨むことにリスクがあるというのは、PMなら当然理解しているはず。リスクが少ない形で、営業担当者と同行しての挨拶訪問などの下見ができていれば、本番で戸惑うこともなかったでしょう。

　手続きだけのことではなく、初対面の相手に重要な話をすることには、当然リスクが伴います。相手の立場、知識、関心などを予測できないからです。新規ユーザーで一番重要なのは、早期に信頼関係を確立すること。とにかくコンタクトの機会を増やして、リスクを減らしておく必要があります。営業担当者や上司、既知の同業他社など、複数のチャネルを活用した上で、情報を文書化して共有しておくことが大切です。

既存ユーザーと新規ユーザーの考え方　まずは相手を知れ

　表6-1 に、既存ユーザーと新規ユーザー、それぞれが対象のプロジェクトでの留意点をまとめておきます。

　既存ユーザーとのプロジェクトは、ステークホルダーや意思決定プロセスが把握できているという特徴があります。ユーザーの業務や課題を理解していることも、プロジェクトを進める上でのメリットといえるでしょう。しかし、ステークホルダーや意思決定プロセスには変動がつきものです。その変化に常にアンテナを張っていないと、思わぬつまずきにつながります。

　また、業務や課題への理解、あるいは慣例的に行ってきた支援へのユーザー側からの期待も大きくなっていますから、現実的に維持できないような建前はきちんと解消し、属人的なノウハウは組織内で共有できるように心がけましょう。

表6-1 既存ユーザーのプロジェクトと既存ユーザーのプロジェクトの傾向と対策

要素	既存ユーザー		新規ユーザー	
	傾向	考えるべきこと	傾向	考えるべきこと
ステークホルダー、意思決定プロセス	見えているが変動もある	・情勢変化をモニターし、評価する ・情報を属人化させず、組織として共有する	見えにくい	・コンタクトのチャネルを多様化し、早期に探る ・収集した情報を組織内で共有する
役割分担	見直しにくい。建前が横行することも	・現実に維持できていない「建前」に注意する ・極力建前を残さず、適宜現実的な役割分担にリセットする	主導権を取れれば一から構築できる	・ステークホルダーと意思決定プロセスを探る ・プロジェクトの実態に応じて、具体的な役割分担をユーザーに提案する
業務・課題	見えている。ユーザーから十分な理解を期待される	・理解を過度に期待されないように注意し、不明点や変更点を確認する ・内容が担当者などによって揺らがないように文書化しておく	見えていない。ユーザーからは理解を期待されすぎない	・ささいなこともないがしろにせずユーザーから聞き出す。飾らず、不明点を残さない ・経営、業務、システムと多層的な情報を聞き出す
手続き・ルール	見えているが変動もある	・文書化して合意する ・手続きやルールを属人化せず、組織として共有する	見えない	・ユーザーとのコンタクトの回数を増やし、手続きやルールを知らないリスクを減らす ・把握した手続きやルールは文書化して共有する

　一方、新規ユーザーとのプロジェクトでは、ステークホルダーや意思決定、業務や課題について、分かっていないことが前提となります。そのことを自覚し、情報収集を徹底してください。

　どちらのプロジェクトにしても、「まずは相手を知れ」ということが基本です。

まとめ

- 既存ユーザーの場合も、新規ユーザーの場合も、まずはユーザーのことをよく知ることが大事。
- 既存ユーザーとのプロジェクトでは、過去のプロジェクトと同じでよいと安心していると、ユーザーの担当者の異動など、少しの変化に足をすくわれる。
- 新規ユーザーとのプロジェクトでは最初が肝心。できるだけたくさんの情報を収集してキックオフに臨む。

第7章 立ち上げとクロージング

情報は待たずに作り出し 完了判定は基準を守る

第7章からは、プロジェクトにおける異なった場面や立場を取り上げ、比較する。第7章では、「立ち上げ」と「クロージング」でのマネジメントの考慮点を見ていく。両者は、情報の集め方や未決事項の扱い方などに大きな違いがある。

　読者の皆さんがプロジェクトをマネジメントする際、場面や立場によって臨機応変に判断や行動をしていると思います。ここでは、フェーズを立ち上げるときと終結させるときの違いを取り上げます。その典型的な場面である「プロジェクトの立ち上げ」と「要件定義フェーズのクロージング」での、2人のプロジェクトマネジャー（PM）のやり方を見ていきましょう。

プロジェクトの立ち上げ 「出たとこ勝負で進めるしかない」

　シロカネOAサービスの商談管理システム再構築プロジェクトでPMを務める長谷部浩二とプロジェクトリーダーの菊本は、朝からずっと会議室にこもっていた。2人がにらんでいるのは、プロジェクト計画書だ。
　菊本が、組織図を指差して言った。
「どうしますかね、ステアリングコミッティー。法務部の参画がまだはっきりしていませんし、担当常務が出席されるかどうかも分かっていないとか」
　長谷部は、右手で顎の無精ひげをなでた。
「どっちも外しておこう。どうせ、営業部中心のプロジェクトになる。確実にプロジェクトに絡む人だけをステコミに入れて、効率的に切り回したほうが楽だ」
　菊本は、同意するようにうなずいてから質問する。
「キックオフミーティングの日程は決まりました？」

長谷部は、渋面を浮かべた。
「それがまだなんだ。基本設計以降の大日程が決まらない。営業部の年間行事予定待ちだよ」
　菊本も顔をしかめる。
「いつもながら、営業部が絡むと面倒ですね。どうせスコープがぐらつくでしょうし、このスケジュールでは厳しいんじゃないですか。リスクも、要件定義工程を通じて評価するしかないですね」
「体制も含めて、決まっていないことが多すぎる。とりあえず、出たとこ勝負で進めるしかない。プロジェクトは悲観的に計画して楽観的に実行しろっていうけど、これじゃあ悲観的になるだけだよ」
　長谷部はそう言ってため息をついた。

　プロジェクトを立ち上げる際に、なかなか計画がクリアにならなくて困っているPMは多いと思います。ステークホルダーが多いほど、未決、未調整が多くてキックオフすらままならない、ということはよくあるものです。だからといって、こんな具合で先に進んだら、どうなるでしょうか。先を見てみましょう。

　案の定、キックオフミーティングが1カ月半遅れ、そのしわ寄せで要件定義の期間が短くなった。疲れた顔をした菊本が、訴えるように長谷部を見上げた。
「今月末までにセッションを終えるなんて、到底無理ですよ。3カ月の予定を半分に詰め込んじゃったんですから」
　長谷部の顔も青ざめている。
「とにかく、優先順位を見て、タスクを組み換えてみるしかない。当分、並行作業になるだろうが…」
　言いかけた長谷部の前の電話が鳴った。受話器から、法務部の倉橋副部長のねちっこい声が流れてきた。
「長谷部さん、セッションスケジュール見ましたがね、悪いけど法務部としては協力できかねますな」
　長谷部は、何とか冷静な声を出そうと努めた。

第7章　立ち上げとクロージング

> 「倉橋さん、申し訳ありませんが、なにぶん余裕がないもので。契約チェックリストについては、営業部の中でもまだ方針がまとまっていな…」
> 　倉橋の甲高い声が、長谷部の弁解を遮った。
> 「だからって、こんなタイミングで何をレビューしろって？営業のほうで、契約チェックリストの項目とワークフローを突き合わせてくれるんですか？」
> 「いやしかし、プロジェクトのスケジュールが…」
> 「そちらで勝手に立てた計画でしょう？営業事務の効率化は結構な話だが、そのために契約チェックのレベルが落ちたら本末転倒じゃないですか。そもそも、なぜ、現行のチェックリストを見直す必要があるんです？うちの部長は納得してませんから」
> 　おたくの部長は、現状を変えることすべてに反対するじゃないか。チェックリスト見直しは既決事項だぞ。長谷部は、そう言い返したい気持ちを抑えて、とにかく一度説明させてほしいと訴えた。

　やはりプロジェクトは苦境に陥ったようです。ここまで極端ではないにせよ、不明点や未決を多く抱えたまま走り出そうとしているプロジェクトは珍しくありません。長谷部さんのやり方は、どこが問題だったのでしょうか（**図7-1**）。

図7-1 立ち上げ時は、情報が不足しやすく未決事項があることを踏まえてプロジェクトを進めないとトラブルを招く

待ちの姿勢で遅れたスタート

　まず、スケジュールです。プロジェクトを立ち上げる前に長谷部さんは、営業部の年間行事予定待ちで大日程が決まらないと言っていました。どうも、そのままずるずると遅れがかさみ、1カ月半遅れでようやくスタートを切ったようです。これは、あまりにも無謀だったと言わざるを得ません。3カ月の予定だった作業を1カ月半でやることなど、まず不可能でしょう。

　プロジェクト立ち上げ時の多くに共通するのは、「情報不足」と「未決事項が多い」こと。新たに編成されたプロジェクトチーム、初めての作業場所、未経験の業務分野、といった要素があるのですから、ある意味これは当然です。となると、重要なのは「待ちの姿勢にならない」ことです。誰かが情報を出してくれるのを待つのではなく、自分で情報を取りに行ったり、場合によっては作り出したりする必要があります。

　情報を取りに行くとは、「いつ出してくれますか」「早く出して下さい」と待つ立場で督促することではありません。「どこまで決まっていますか」「何が決まらないのですか」「誰がいつ、どうやって決めるのですか」「何があれば早く決まりますか」と、情報を出す立場で問題をブレークダウンすることです。

　営業部の年間行事予定について、「ほぼ昨年度の予定と同じはずだが、役員層の予定が不明で前後1週間程度のブレが出るかも」「主要イベントの会場手配が未了だが、この週のどこかということはほぼ確実」ということであれば、前年の計画をベースに仮の予定を作って、「未定事項がありますが、まずはこれを大日程のベースとします」といったふうに、情報を作り出すこともできるはずです。

　「立ち止まらない」ことも大事です。必要な情報を取りに行き、作り出す努力はもちろん大事ですが、時には決まっていないことは決まっていないまま、不明は不明のままで、スタートを切る必要もあります。

　キックオフミーティングでは、プロジェクトの関係者が一堂に会することが多いので、情報共有にはうってつけです。何が不明で、何が未定なのか、それをいつまでに決めなければならないのか、それは誰の責任なのか、まずは共有し、合意し、それから解決を推進したほうが効率的でしょう。

「どうせ無理」と思われると尊重されない

次に、計画の実現性にも問題があったようです。プロジェクトは、「悲観的に計画し、楽観的に実行すべし」とよくいわれます。しかし「悲観的に計画する」とは、悲観的な計画を立てることではありません。心配症になって素直にリスクを洗い出し、ヘッジ策を用意しておくという意味です。

「難しい」「できそうにない」部分について、何の策も講じず先へ進むのは、悲観というより自滅行為です。長谷部さんも菊本さんも、問題には気付いていた様子ですが、「営業部特有のスコープブレのリスク」や「立ち上げが遅れた結果、実行不可能になったスケジュール」をそのままにしておいたのはもってのほかです。無策のまま、無理な計画を押し立てては、誰も計画を信じなくなります。「どうせ無理」と思われた計画なんて、誰も尊重しないでしょう。

スコープのブレについてなら、ステアリングコミッティーでのスコープ／納期判定のタイミングを作るとか、変更管理でカバーできる工数範囲に抑え込むといった策を講じることもできます。そして「難しいが、この策がうまくいけばできる。ダメなら次はこの手を打つ」という見通しをつけ、メンバーと共有するのがPMの務めです。そこまでしてこそ楽観的に実行できるのです。

とはいえ、すべてのリスクについてヘッジ策を用意することは、現実には困難です。菊本さんが言ったように、工程を通じて評価すべきリスクが残ってしまうこともあるでしょう。その場合には、評価するための計画を明確にしておくことが大事です。

排除した「外部」が思わぬ伏兵に

最後に、プロジェクトの包括性を考えるべきでした。

見通しがよくないプロジェクト立ち上げのタイミングでは、見えないものをなるべく見える方向に持っていく必要があります。言い換えれば、「疑わしきはプロジェクト内に取り込む」ということです。プロジェクトの中にあるものは可視化しやすく、コントロールすることが可能になるからです。

このケースでは、「法務部」がこれに当たります。長谷部さんは、ステアリングコミッティー運営の効率化を理由に、法務部を排除しようとしたばかりに、倉

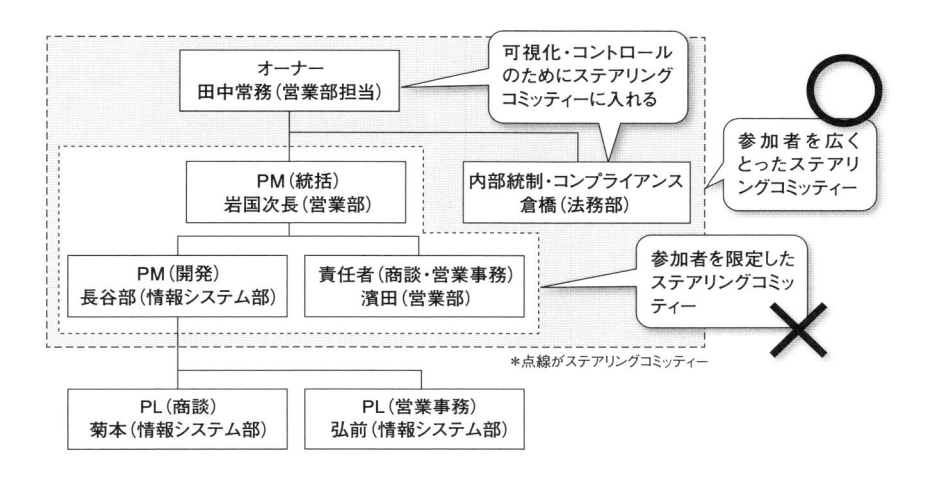

図7-2 プロジェクトの立ち上げ段階では、情報を積極的に取りにいく体制を作る

橋さんが思わぬ伏兵となってしまいました。プロジェクトへの影響度や果たすべき機能がクリアになっていない段階では、むしろ中に取り込んで、役割を探る動きとしたほうがよかったでしょう（**図7-2**）。

法務部もプロジェクト内にいれば、期限や目的、コストなど、プロジェクトとしての制約を受けますし、課題解決に責任を持たざるを得ません。立ち上げ時期からビジョンや情報を共有できていれば、このケースのように、一方的に要求を突き付けてくることもなかったかもしれません。

要件定義フェーズのクロージング　「未決事項は次工程で詰めればいい」

　フェーズ判定会議向けの資料を広げながら、経理部次長の島岡が、情報システム部プロジェクト課長の鶴田則之に笑みを向けた。
「ようやくここまで漕ぎつけましたね、鶴田さん」
　鶴田は、少し心配そうに島岡の顔を見て言った。
「大丈夫でしょうか、フェーズ判定会議」

第7章　立ち上げとクロージング

　島岡は要件の取りまとめを担当するユーザーの代表として、鶴田は設計・開発チームのPMとして、タッグを組んでこの2カ月間、要件定義を進めてきた。今では一種の戦友同士、といった間柄になっている。
「大丈夫ですよ。ドキュメントはほとんどまとめていただけましたし、リスク管理表のリスクもほぼ潰れたはずです。だいぶ遅れて鶴田さんもやきもきしたでしょうが、これでやっと設計に入れますよ」
　島岡の発言に、鶴田も本音で答えた。
「パッケージを使うとはいえ、構築期間に余裕がないことは見えてましたからね。早く設計に入って作業を進めないと、と冷汗ものでした。でも島岡さん、想定より多く未決事項が残ってしまいました。フェーズ判定基準からすると、問題になるかもしれないですね」
　要件定義フェーズの完了基準には、「すべての未決事項が解決しているか、解決方針と解決時期が明確になっていること」という一項がある。鶴田はこれを気にしているようだ。
「大丈夫ですよ。うちの連中にも確認しましたが、大どころの方針は出ているようじゃないですか」
　島岡の認識は、少し自分と温度差があるようだと鶴田は思ったが、島岡は屈託なく続けた。
「決まってないならないで、きちんと理由を説明しろと言ってやりましたがね。まあ確かに、判定会議ではご意見番の黒田顧問から質問が出るかもしれません」
　黒田顧問は前経理部長で情報システム部門出身。パッケージ採用に強く反対していた経緯があり、ステコミや判定会議にオブザーバーとして参加している。
　島岡は、自信ありげに言った。
「質問が出たら、私からきちんと説明しますから」
　まあいいか、と、鶴田は思った。未決事項は、設計工程で詰めればいい。とにかく早く、次のフェーズに入って設計を始めなければ、構築が間に合わないのだ。
　鶴田は、マウスを動かして、判定チェックリストに、「完了」のチェックマークを入れた。

皆さんのプロジェクトは、このような事務的なクロージングになっていないでしょうか。フェーズ完了の判断は、立ち上げ以上に重要だといえます。フェーズが進むにつれて関わる人数が増え、残り時間は少なくなり、リカバリーが困難になるからです。

　要件定義フェーズから設計・開発フェーズに入ると、SEやプログラマの数が増え、単位時間当たりのコストが跳ね上がることになります。もし手戻りが発生すれば、前フェーズの何倍ものコストがかかるわけです。システムテストフェーズに入ればユーザーがテストに参加するでしょうし、本番稼働判定ともなれば、システムを利用するすべての人に、影響が及ぶようになります。従って、次のフェーズに進んで問題がないかどうかの判定には、十分な検討が必要です。

　この後何が起こるか、見てみることにしましょう。

「ダメだ…」
　要員山積み表をにらんで、鶴田は頭を抱えた。どう考えても、リソースが足りない。人も時間もだ。
　事の起こりは、「月度計上取消」「人件費収集シート」「所属チェック」の3大機能だった。どれも、要件定義時には簡単な機能とされており、未決部分は設計開始後2週間以内に決定することになっていた。だが段取りが悪く、ユーザー部

クロージング時の誤った認識
- 方針は大体見えている
- 未決事項は次フェーズで詰めよう
- 「とにかく早く次のフェーズに入らないと、構築が間に合わない」
- 「決まっていないならいないで、きちんと理由を説明しろ」
- 「ユーザーとも合意しているし、未決事項は次フェーズで詰めればいい」

PM

→ 設計フェーズでの手戻り

見落とされたリスク

事務的なクロージング
次フェーズに進むことを急ぐあまり、完了基準が曖昧なまま完了の判定をしてしまう

完了に必要な情報の粉飾
完了判定に必要な客観的事象以外の原因分析や評価を求めて報告の粉飾を招く

次につながらない完了判定
未決事項を残して完了する場合に、リスク評価や対策計画をないがしろにしてしまう

図7-3 クロージング時は、次のフェーズに進むことありきで考えると、正しい完了判定ができなくなってしまう

門の検討が遅れに遅れた。その上、データベース構造にまで問題が波及して、設計を進めていた他の機能についても見直しを余儀なくされた。プロジェクトは、現時点で1カ月ほど遅れている。結合テスト準備と移行計画が滞ってしまったので、まだまだ遅れは拡大しそうだ。

とりあえず、部長にリソース増強の相談をしたいとメールを出してみたものの、どんな要員が何人いれば着地点が見えるか、整理できていない。引き継ぎや情報共有に割けるリソースもないのだ。

鶴田がふとPCのディスプレイを見ると、部長からメールの返信が来ていた。眼を通した鶴田は、うめき声を上げた。やはり救いの知らせではなかった。

パッケージ適合率は87%だったはずなのに、そこまで工数がかさむのは理解できない。要件定義が終わらないまま設計を進めていたように見える。遅れの原因を整理して説明して下さい。

鶴田は、唇をかみしめた。そうだ、要は前工程が終わっていなかったってこと。それに尽きる。

今度はプロジェクトリーダーの駒形からメールだ。

黒田顧問から、月度計上取消機能は抜本的な見直しが必要だとご意見頂戴しました。「判定会議でも言ったが、そもそもこのパッケージを選定したのが間違い」とのことです。一度、鶴田さんから説明していただけますか？

鶴田は、天井を仰いだ。この期に及んで、御意見番まで暴れ出したか。もう勘弁してくれよ。

　鶴田さん、部長に詰め寄られ、黒田顧問からも責められてお手上げの様子。問題は、要件定義フェーズのクロージングにあったようです（前ページの**図7-3**）。

現況に合わせた基準を作りたくなってしまう

　要件定義フェーズのクロージングに際して、島岡次長と鶴田さんには、「早く次のフェーズに入らないと間に合わない」という気持ちが強く働きました。クロージングでは、これが一番避けるべきことです。そもそも「フェーズ判定会議」を設けているのはなぜでしょう。「まだ次のフェーズに入れる状況ではない」とい

フェーズ判定チェックリスト	基準を無視した勝手な判定		基準に沿った素直な判定		
基準	判定	説明	判定	説明	
・要件定義書ユーザーレビューがすべて完了している	OK	一部未了。誤字・脱字レベルで再レビューを要したため	NG	54冊中3冊未完。営業部で4/1までに完了見込み	遅れの原因より期限・責任を明確にする
・議事録等の検討経緯が整理されている	OK	4月開催分のみ整備中	NG	4月開催分整備中。本日中に整備完了見込みであり完了後OKとする	
・未決事項がすべて解消しているか、解決方法と期限が確定している	OK	主要機能の方針が立ち、ユーザー合意も済んでいる	NG	12機能、27件の未決残（解決方針と期限は別紙2参照）	未完・未決の事実をはっきりさせる
・非機能要件定義書の運用部門およびユーザーレビューが完了している	OK	完了	OK	完了	
・後続工程の大日程が承認済みとなっている	OK	本判定会議で承認	NG	本判定会議で承認されればOKとする	
…	…	…	…	…	

図7-4 完了基準を曖昧にせず、基準に沿った素直な判定をする

う判断があり得るからです。

「プロジェクトを止める」「要件定義を継続する」「全体計画を見直す」という選択肢もあるからこそ、クロージングを判定する場をセットしたはずです。そうであれば、先のことを中途半端に考えずに、フェーズを終えられる状況かどうかの判断に集中しましょう。そのためには、二つのことが重要になってきます。

一つは、完了基準を事前に整備しておくこと。完了期限が近付いてくると、どうしても、プロジェクトの現況に合わせて基準を作りたくなります。例えば、すべての未決事項がとても解消しそうになければ、未決完了要件を外したくなってしまうということです。

二つ目は、クールに、素直に基準を適用すること（**図7-4**）。「すべての未決事項が解決しているか、解決方針と解決時期が明確になっていること」という基準であれば、それを文字通りに解釈するということです。「大どころの方針だけは決まっているからまあ大丈夫だろう」、などとその場になって勝手な判断を入れるのでは、基準を定めた意味がありません。

必要な情報は客観的事象だけ

立ち上げと異なり、クロージングでは情報収集にあまり時間をかける必要はありません。判断に必要な情報は、プロジェクトの中にあるはずだからです。しか

も必要なのは解釈ではなく客観的事象だけ。今後の改善計画を立てるのであれば、原因分析やダメージ評価、対策案が必要ですが、まずは何が終わっていて、何が終わっていないかが分かれば十分なのです。

　島岡次長のように、「決まってないなら、きちんと理由を説明しろ」といったプレッシャーのかけ方をするのもちょっと危険です。「なぜできていないのか」と詰問すると、報告の粉飾を招く場合があるからです。

　立ち上げ時には、疑わしきはプロジェクト内に取り込んで可視化すべきとしました。クロージングでは逆に、外野に振り回されないようにしたほうがよいでしょう。責任や権限もないのに口を出す「ご意見番」は、プロジェクト内で合意した基準を無視して、独自の物差しを持ち出しがちだからです。

未決事項にはヘッジ策が必須

　基準の解釈はともかくとして、クロージングの際に、未決事項が残ることは見えていました。未決を残してクローズするという判断もあり得ますが、その場合には、未決をどうやって、いつ解消するか、リスクをどう取り扱うかを決めておく必要があります。「2週間以内に決める」という期限だけではなく、どんな材料を用意して、誰がどうやって決めるかをはっきりさせておかなければなりません。また、未決のまま走り出すことのリスク評価も不十分でした。データベース

表7-1 フェーズの立ち上げ時とクロージング時のポイントと考え方

要素	立ち上げ時		クロージング時	
	ポイント	考え方	ポイント	考え方
基本姿勢	立ち止まらない	完璧を求めず、プロジェクト体制のスタートと情報共有、コントロール開始を優先する	立ち止まる	プロジェクトストップや計画変更も視野に入れ、腰を据えて状況を評価する
情報の集め方	時間をかけて取りに行く	待ちの姿勢に入らず、推進当事者の立場で情報をつかむ。時には情報を作り出す	時間をかけず素直につかむ	情報を加工・解釈せず、ありのままを評価する。粉飾に注意し、無用のプレッシャーをかけない
未決・未完の扱い	期限と解決法を計画する	未決・未完はあって当然。ただし、今後どう扱うかを計画に組み込む	まず未完であることを明確にする	状況評価と原因究明、解消策検討を分離し、まずは状況をつかむ
プロジェクトの境界	プロジェクト内への取り込みを考える	疑わしきは内部に取り込み、可視化・管理ができる状態を作る	外の意見に振り回されない	責任を負わない外野は排除し、判断の物差しをそろえておく
前フェーズ・次フェーズ	クロージングを意識	クロージングの姿を見通し、完了基準を作る	前フェーズから受け取り、後フェーズのために評価	計画通りに判定する。ヘッジ策を次フェーズに引き継ぐ

設計に影響が及ぶことは予測できたはずですから、ダメージが最小になるように作業順番を組み立てる、といったヘッジ策があってしかるべきだったでしょう。

　クロージングの準備中、島岡次長は、「リスク管理表のリスクはほぼ潰れた」と言っています。これは、要件定義フェーズで想定したリスクについて、先行きが見えた、ということでしょう。そうではなくて、「この先何が起こり得るのか」という観点でリスクを洗い直し、次のフェーズ立ち上げに備えるべきでした。

　立ち上げは、クロージングのために、クロージングは次の立ち上げのためにあります（**表 7-1**）。立ち上げ時に、フェーズのゴールを見通して判定基準を準備し、クロージング時には、次フェーズのスムーズなスタートを考える。そうありたいものです。

まとめ

- 立ち上げ時とクロージング時とでは、情報の集め方や集めた情報の評価の仕方が大きく異なる。
- 立ち上げ時に重要なのは、「待ち」の姿勢にならずに情報を集め、コントロール可能な状況を作ること。
- クロージング時は、事務的に終わらせてしまわないことが大事。外野に振り回されることなく、冷静に判断することを徹底する。

第8章　平常時と非常時

平常時こそ決断が大事
非常時は周りの声を聞こう

プロジェクトが問題なく回っているはずの平常時に、遅延の火種がまかれている。非常時は、必死にリカバリーしようとするあまり、独善的な対処が問題になる。平常時こそ明確な決断が大事。非常時にはむしろ、周りの声に耳を傾けよう。

　プロジェクトには、「平常時」と「非常時」があります。平常時とは、多少の計画逸脱や遅れがあっても、それが可視化・コントロールされている状態。一方、非常時とは、現状や見通しがつかめなくなり、何らかのリカバリーを要する事態です。2人のプロジェクトマネジャー（PM）に登場してもらい、それぞれの場面でのやり方を比較してみましょう。

平常時　「みんなで知恵を出せばうまくいく」

　内部進捗会議の席上、PMの黒住が、チームメンバーの顔を見渡して尋ねた。
「さて、外部設計がスタートして2週間たったわけだけど、みんな、何か気になることはないかな？」
　パッケージベンダーの技術者、碑文谷が手を挙げた。
「帳票の作り込み部分を絞り込む必要があると思うのですが、どうやって検討を進めたらいいでしょう？」
　黒住は、笑顔のままでうなずいた。
「キックオフで説明したように、今回は、納期最優先、限られたコストでの『スモールスタート』を目指します。まずはワークフローパッケージを導入して、汎用的な電子申請を実現する。それから、段階的に専用帳票を拡充していく。その方針に沿って、総務部の古澤さんと対象帳票を調整してください。まだ時間の余裕が

ありますから、じっくり話し合ってくださいね」
　碑文谷は、ちょっと困ったような顔をした。
「じっくり、ですか」
「総務部との調整はお任せしますから、しっかり頼みます。会計チームは問題ないですか？」
　黒住の問いに、会計システム課の深見が答える。
「問題ないと思います。連動部分のインタフェースについては、碑文谷さんと調整が要りますが…」
　碑文谷が、首をかしげて言った。
「すみませんが、総務との打ち合わせで、来週まで時間が取れそうにありません」
　困った様子の碑文谷に、黒住が助け船を出した。
「基本原則がはっきりしていれば、インタフェース確定は来月でも大丈夫でしょう。それでいいですか？」
　碑文谷がほっとしたようにうなずくと、今度は、基盤担当の大川が手を挙げる。
「権限設定とセキュリティについては、原案作成を予定通り進めています」
「その調子で頑張ってください。碑文谷さん、深見さん、大川さんの各リーダーで、小日程計画を管理してください。課題とリスクについては、課題管理表とリスク管理表への書き込みをよろしくお願いします」
　そう伝えた黒住は、満足そうにメンバーを見回した。今回は、みんなの能力を百パーセント引き出すのが自分の仕事だと、黒住は思っていた。うまく専門家をそろえられたし、方針の説明もできた。まだプロジェクトは序盤だし、みんなに任せてじっくり知恵を出してもらえれば、うまくいくに決まっている。

　プロジェクトでは確かに、多様なスキルや経験を持ったメンバーのパワーを引き出せるかどうかが成否を分けます。しかし、なんでもお任せ、というやり方にはリスクがありそうです。先を見てみましょう。

　黒住のグラスにビールを注ぎながら、杉野システム開発課長が言った。
「それで、どうだ。だいぶ苦労してるようだな」

第8章　平常時と非常時

「どうもこうもありませんよ」

やけを起こしたような口調で、黒住が答える。

「大川の基盤チームは、他のチームの意向も確認せずにどんどん設計を進めるし、会計チームは現状維持の姿勢を崩さないから、パッケージとのインタフェースがなかなか決まらない。総務チームは総務チームで、パッケージ優先の碑文谷さんと、現行業務が大事な古澤主任が対立しちゃって収拾がつかない」

杉野課長は、黒住のおかわりを注いだ。

「で、どうするつもりなんだ？ 今月中にフィット＆ギャップを終わらせないと、先に進めないだろ？」

黒住は、首を左右に振った。

「会計チームには、インタフェースをシンプルに割り切るように見直しを指示しましたから、しばらく様子見です。総務系の業務については、重要課題を洗い出して、週末にでも関係者で調整するつもりです」

杉野課長が、ちょっと不思議な笑みを浮かべる。

「意見を出し合って、民主的に決めるのかい？」

黒住は、驚いたように杉野課長の顔を見返した。

「決め切れないことは、繰り越し課題とするしかありませんね。まず、納得いくまで話し合わないと」

杉野課長は、自分のグラスを天井の照明にかざした。

「そうか。そういえば、少し、プロジェクト内で不満がたまっているみたいじゃないか」

杉野課長の言葉に、黒住の頬が引きつった。

「不満って、私にですか？ いったいどんな？」

課長は、グラスを置いた。

「みんなと面談した結果をそのまま伝えよう。深見と大川は、いったん自分たちにスケジュールを引かせてそれで進めていたのに、今になって無理だと言われても納得できないと言っている。碑文谷さんは、スモールスタートならノンカスタマイズでのパッケージ導入を考えるべきなのに、黒住君が古澤主任の意見を聞き過ぎだと考えている。そして全員が、このままだとこのプロジェクトは頓挫する

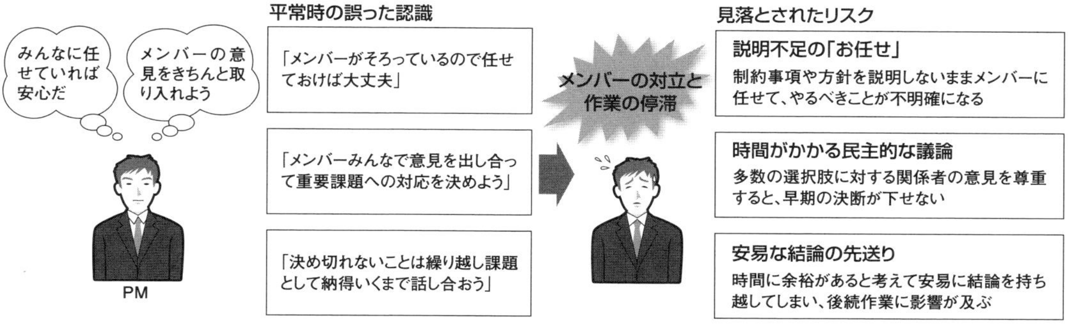

図8-1 平常時は、方針決定や意見調整に時間をかけられるという認識がプロジェクトの迷走を招く

【平常時の誤った認識】
- みんなに任せていれば安心だ
- メンバーの意見をきちんと取り入れよう
- 「メンバーがそろっているので任せておけば大丈夫」
- 「メンバーみんなで意見を出し合って重要課題への対応を決めよう」
- 「決め切れないことは繰り返し課題として納得いくまで話し合おう」

→ メンバーの対立と作業の停滞

【見落とされたリスク】
- 説明不足の「お任せ」
  制約事項や方針を説明しないままメンバーに任せて、やるべきことが不明確になる
- 時間がかかる民主的な議論
  多数の選択肢に対する関係者の意見を尊重すると、早期の決断が下せない
- 安易な結論の先送り
  時間に余裕があると考えて安易に結論を持ち越してしまい、後続作業に影響が及ぶ

と考えているようだ」
「そんな…。みんながそこまで危機感を持ってるなら、リスク一覧に書き込んでくれればいいのに。いつでも相談に乗ると言ってあるんですよ…」

　杉野課長の言葉に黒住さんは、かなりショックを受けたようですね。黒住さんのやり方にどんな問題があったのか、考えてみましょう（図8-1）。

説明不足の「お任せ」では行動に結びつかない

　平常時はPMが前面に出ず、メンバーにある程度の裁量を持たせ、実力を発揮してもらったほうがよいと考えるのは自然なことです。黒住さんがしたように、各リーダーに管理を任せるのは悪いことではありません。経験者が多いプロジェクトではむしろ、何でもPMが決めるより、そのほうが望ましいでしょう。

　しかし、メンバーに任せるなら前提があります。制約事項や方針をよく説明した上で、万一の暴走が起こらないようにコントロールすることです。

　確かに黒住さんは、「スモールスタート」というプロジェクト方針を説明していました。しかし、キーワードだけでは、行動に結びつきません。単に「スモールスタートだ」とだけ言われても、解釈の幅が広すぎて、どう判断したらよいか分からないからです。

　1次稼働で目標とする帳票の数はどのくらいなのか。パッケージをカスタマイ

ズしてでも実現しなくてはならないのはどういう場合なのか、制約や基準までブレークダウンされていなければ結論は出ません。すべてをPMが決めろというわけではありません。パッケージと業務の専門家であるメンバーに、まず絞り込みの基準と方法を考えてもらって、その段階でチェックをすれば、実現性やコストについて判断できて、暴走や対立による停滞を避けることができます。

メンバーに「お任せ」のまま放っておくと、プロジェクト内の動きがバラバラになってしまいます。いったん原案を作ってもらうとしても、早い段階でチェックして、全体計画との整合性を取るようにしましょう。

リスクについても、「思いついたことを勝手にどんどん書いてくれ」では統制が取れません。また、いろいろ書くと自分の仕事が増えそうで、わざわざ書こうとするメンバーはなかなか出てこないものです。呼び水として、自分が気にしていることをまず記入するとか、こんな心配はないかとヒアリングをして書き出すとか、一工夫が必要だったでしょう。

議論をドライブしなければ決まらない

いくらスキルがあるメンバーたちでも、立場や関心事、ポリシーは異なっています。平常時のプロジェクトであっても、いや、平常時だからこそ、コンフリクト（衝突）は普通に起こります。平常時には、後述する非常時と異なり、選択できるオプションの幅が広く、ゴールもずっと先にあるように見えるからです。

従って、課題検討などの意思決定の局面では、「関係者で意見を出し合って」「納得がいくまで話し合って」と、悠長に構えているだけでは、なかなか決めることができません。やはり、リーダーシップを持って決定に関与していくことも大事なのです。もちろん一方的、頭ごなしになってはいけませんが、時には強く主張することも必要でしょう。「プロジェクト完遂のためには、この作業期限を守ることが肝心。となると、この要望はあきらめてもらったほうがいいですね」というふうに議論をドライブして、結論に導く行動を心掛けてください。

先送りせずに先回りする

黒住さんは碑文谷さんに、「インタフェース確定は来月でも大丈夫」と言いま

> 平常時だからこそできること/やっておくべきこと
> - ☑ プロジェクト方針を基準や作業計画としてブレークダウンする
> - ☑ リスクの定期的な棚卸し手順を明確化しておく
> - ☑ 議論が膠着したときの決定方法を決めておく
> - ☑ メンバーからのリスク洗い出しの呼び水となる想定リスク一覧を作成しておく
> - ☑ 課題の対策は複数用意しておく

図8-2 平常時に意思決定を早める手を打っておく

した。しかし、安易に結論を持ち越すのも禁物です。平常時だからまだ時間に余裕がある、と錯覚しやすいのですが、結論を持ち越せば、確実に後続作業にしわ寄せがいきます。

後になってから、「シンプルに割り切れ」と指示を出すのでは非効率です。担当者の時間が取れないのであれば、要員のシフトや検討方法の変更など、その場で対策を講じるべきだったでしょう。

課題に対して手を打つときも、まずは様子見と手をこまねいているのではなく、並行してできる手立てはないか、うまくいかなかったときに次にどんな手があるかという「先回り」を考えるべきです。間違っても「先送り」は禁物です。

最も重要で、取り返しがきかないリソースは時間。選択肢が広く、多様な意見が出やすい平常時こそ、短めに期限を切って意思決定を早くし、リカバリー余地を確保し続けることが重要になります（**図8-2**）。

非常時 「強引にリードしていくしかない」

重信部長から会議室に呼び出されたときには、倉多担当部長にもある程度の覚悟はできていた。ちょうど大きなプロジェクトが無事に完了したところで、部内で比較的自由に動けるPMは、自分しかいない。

案の定、重信部長が切り出したのは、あの話だった。

「富永物産の物流プロジェクトな。君、あれの立て直しに入ってくれないか」
　倉多は、考える振りをして首をかしげた。
「かなりひどい状態だと噂に聞きましたが」
　重信部長は、暗い顔でうなずいた。
「品質はガタガタ、進捗の遅れも正確に把握できていないし、メンバーはみんな疲弊し切っている」
　いったんプロジェクトが破綻したら、隠密でのリカバリーは不可能だ。倉多は、念のために確認した。
「お客様には？」
　重信部長はうなずいた。
「今日、私から説明した。ご立腹だが、抜本的な立て直し策が必要なことはご理解いただけたよ」
　今度は、倉多がうなずく番だった。リカバリーは、短時間で結果を出さなければならない。煩雑な意見調整などしている暇はないのだ。引き受けるからには、強引と言われようと、強力なリーダーシップを発揮しなければ事は進まない。そう、倉多は思った。
「頼むよ」
　重信部長の言葉に、倉多は真剣な顔でうなずいた。

　倉多さんは、重責を引き受けることになったようです。プロジェクト立て直しの難しさも知り尽くしているようですから、彼なら務めを果たすことができそうです。ただ、倉多さんの気負いが悪い方に作用しないか、少し心配です。先を見てみましょう。

　倉多はプロジェクトを立て直すために、事務局案を作って週1回のリカバリー検討会議を開催した。それも今日で3回目。出席者の顔には、憔悴の色が見える。議長の倉多が開会を宣言した。
「最初の議題は、スコープの再定義とサービスインの時期についてです。業務部の岸本さんから、事務局案に対する結論を…」

非常時の誤った認識
- とにかく時間がない
- リーダーシップが大事だ

PM（リカバリー事務局）

「時間がないので、煩雑な意見調整はしていられない」

「納期を取るか、品質を取るかの選択しかない」

「メンバー全員、休日返上で対策に当たってもらおう」

→ 対策工数の不足

見落とされたリスク

独善と拙速な対策
対策を急ぐあまり独善的に方針を決めてしまい、本当に有効な対策を打てなくなる

コミット不足
関係者全員が現況を把握できず、実施すべき対策を決められない

闇雲な総力戦
手当たり次第に対策を実行してリソースが分散し、重要課題がしろになる

図8-3 非常時は時間のなさに気を取られて、独善的に対策を進めてしまいやすい

　業務部の岸本次長が、手を挙げて切り出した。
「スコープについての結論を出す前提として、進捗実態の話を先にお聞きしたいのですが」
　柔らかい口調だが、断固とした態度で倉多が応じた。
「スコープ確定はもう1週間も遅れていますから、今日中に結論を出さないとサービスインが極めて難しくなります。ですから何らかの仮定を置いてでも、先に検討をしたいのですが」
　温厚な岸本次長の顔が赤くなった。
「無理ですよ。そもそも事務局案は、納期を取るか品質を取るかの2択じゃないですか。現況も把握できないのに選べなんて乱暴すぎます！」
　前任のPM、峰が、おずおずと付け加えた。
「納期を延ばすなら、並行決算問題をクリアする必要があります。このパッケージは、いったん決算を確定させると、簡単には修正ができない…」
　倉多は、怒りを抑えて、峰の顔を見た。
「では明日までに、対策をまとめてください」
　峰はやるともやらないとも答えず、顔を伏せた。隣に座った基盤担当の谷岡がたまりかねて、口を開いた。
「パッケージ仕様の解析を進めているところなんですが、手が足りなくて」
　全くもう、事務局ですべて計画を作って、一から十まで指示を出しているのに、どいつもこいつも言い訳ばかり並べやがって。倉多はついに、机を叩いた。

「泣きごとを言うな。手が足りないなら足りないで、何か手を打てよ。明日までに対策を練ってくれ」

深呼吸してから、倉多は全員に向かって言った。

「皆さん、とにかく時間がないのです。今は、同時並行的に、打てるだけの手を打つ必要があります。岸本さん、お願いします。優先度を決められないのであれば、多数決で決めるしかなくなりますよ」

「いや、しかし…」

と言ったきり、岸本次長は絶句した。リカバリー検討会議は今回も、ピリピリした雰囲気に包まれている。議題は全部で18。今日も夜中までかかりそうだ。

倉多さんのリーダーシップ、どうも空回り気味に見えます。どこがまずいのでしょう（前ページの**図 8-3**）。

独善と拙速で計画の成功率が下がる

まず、見て取れるのは、何とかリカバリーしようと気負うあまり、「独善」と「拙速」に陥っていることです。非常時のリカバリーは平常時と比べると、時間との闘いという要素が色濃くなります。確かにそうなのですが、闘い方を間違えるとうまくいきません。

時間がないということは、失敗してやり直す余地が小さいということです。そのため、成功率の高いリカバリー計画を立案できるかどうかが勝負になります。

それには、うまく情報と知恵を集めること。「非常事態を招いた現体制の人間は頼りにならない」といったフィルターをかけずに、どこに問題があるのか、どうしたらいいのか、積極的に意見を聞くとよいでしょう。プロジェクトが崩れる場合、誰もがどうすればよいか分かっていないケースもなくはありませんが、「どうすべきかは薄々気付いているが、しがらみがあって踏み切れない」ということのほうが案外多いもの。そのため、現体制は情報の宝庫です。「自分が正しい。ガタガタ言うな」というメッセージを出してしまうと、現場の貴重なアイデアや知見を生かせなくなってしまいます。峰さんの並行決算への懸念や、岸本次長の進め方についての意見など、まずは耳を傾けた上で、情報を総合して自ら判断を

```
┌─────────────────────────────────────────────────┐
│ (1) リカバリーモードの宣言・周知                │
│   ・抜本的対策が必要な非常時であることを関係者全員で共有する │
└─────────────────────────────────────────────────┘
                        ↓
┌─────────────────────────────────────────────────┐
│ (2) 進捗・品質状況の精査と共有                  │
│   ・ダメージの査定を最優先で実施・共有し、対策検討の前提とする │
└─────────────────────────────────────────────────┘
                        ↓
┌─────────────────────────────────────────────────┐
│ (3) 重点課題の解決                              │
│   ・戦力を分散せず、重点課題にリソースを集中する │
│   ・無理な選択を迫らず、関係者の納得できる対策を立てる │
└─────────────────────────────────────────────────┘
```

図8-4 非常時のリカバリー手順

下すべきだったでしょう。

　独断専行でうまくいかないことは他にもあります。状況評価や意思決定が少人数に集中してしまって、かえって決定が遅れることです。倉多さんは「一から十まで指示を出している」と言っていますが、やることがたくさんあって時間が限られるリカバリー局面では、役割を分担して効率的に進めることが重要です。細かく具体的な指示を出すより、目的や方針を共有した上で、状況評価も含めて大きく役割を切り出し、キーパーソンに割り当てるといいでしょう。

　実現性もよく考える必要があります。リカバリーが必要なプロジェクトの担当メンバーは、失敗の繰り返しで委縮してしまっているもの。メンバーに無理な目標を与えて、さらに委縮させるのは逆効果です。小さくてもよいから成功を積み上げて士気を上げるのも、リカバリーを担うマネジャーの大事な役割です。時間がないからと、ヒステリックに「何でも明日まで」と期限を切るようでは、メンバーはついてこられません。

現状把握抜きで立て直しはコミットできない

　図8-4は、非常時の大まかなリカバリー手順です。重要なのは、最初に「リカバリー開始宣言」をして、すべての関係者が、立て直しにコミットすることです。それにはまず、現況を把握し、全員で共有する必要があります。スコープの確定が重要なのは分かりますが、該当業務の進捗と品質をまず把握したいという岸本

次長の要望は、至極もっともだといえるでしょう。

3回目のリカバリー検討会議で、進捗や品質の現況が把握できていない分野が残っているというのは、かなりリスキーです。リカバリーに入って最初の数日は、対策検討に工数を割かずに、ダメージ査定に専念すべきでした。緻密な評価が難しいとしても、「最大3カ月程度の遅れ」「30％程度の業務は、単体テスト再実行とバグ潰しが必要な品質」といった大雑把な査定はできるはずです。メンバーヒアリングとサンプルチェックで大づかみにしておいて、さらに精査が必要な部分はリカバリープランに盛り込むという手もあります。

いずれにしても、状況がどれぐらい悪いのかを共有して初めて、スコープの絞り込みなど、プロジェクトを救うための割り切りができるようになります。

状況を共有できたら、次に解決策を立案し、メンバーの合意を取り付けます。このとき、メンバーが「乱暴だ」と思うような選択肢を突き付けるのは得策ではありません。上司やユーザーの説得、調達先との交渉、リソースの手配、スケジュールや業務手順の変更などの役割を担い、全うしてもらうためには、メンバー自身が、リカバリー策について納得していなければならないからです。決定を多数決などに持ち込むのももってのほかです。強引に押し切ったとしても、結論に納得を得られなければ、その後の協力は得られません。

闇雲な総力戦ではリソースが分散する

最後に、闇雲な総力戦は避けるべきです。時間が限られているといっても、リカバリー開始宣言によって、納期の調整余地が出てきたり、要員を増強したりする可能性が出てきたわけです。これは、がんじがらめで身動きが取れなくなっていたプロジェクトに、「ゆとり」を取り戻すチャンスでもあります。

「同時並行的に、打てるだけの手を打つ」といっても、リソースには限りがあります。平常時には、時間を優先した同時並行的な動きが効果的ですが、非常時のリカバリーでは、戦力の分散が致命的になりかねません。「何でもやる」ではなく、リカバリーのためのタスクを最重要のものに絞り込んで、リソースを集中する必要があります。

初動でダメージ査定の共有まで辿りついたら、次は最重要課題や準最重要課題

表8-1 平常時と非常時のポイントと考え方

要素	平常時		非常時	
	ポイント	考え方	ポイント	考え方
時間	無駄に時間を使わない	まだ先があるように見えやすいので、細分化した期限を設定してコントロール。バッファーを無駄に食いつぶさない	ゆとりを作る	時間が限られているので、拙速の手は打てない。先を見て合理的・抜本的な対策を立てられるゆとりを作り出す
役割分担	方針決めとチェックはPM自身で	プロジェクトのベクトルをそろえておくことを優先する。任せきりにせず、こまめに軌道修正の手段を講じる	大きく役割を切り出す	意思決定速度を優先する。特定の人に負荷が集中しないように、評価・検討を含めて大きな役割を切り出す
情報共有	方針を具体化して共有する	スローガンだけでは人は動かない。作業や行動につながるように方針を具体化し、判断基準や作業計画に落とし込む	ダメージ査定の共有を優先する	最優先で現状のQCDをつかみ、早期に関係者で共有する。対策合意の前提となる
リーダーシップ	決定に向けてコミットする	選択の幅が広く意見の衝突が必ず発生するので、意思のない調整役では結論が出ない。プロジェクト目標を軸にデシジョンする	関係者にコミットしてもらう	選択の幅が狭く痛みを伴う決定になるので、独断専行を避け、対策の妥当性や効果に関する関係者の納得感を重視する
対策の立案実施	並行的に手を打つ	比較的リソースに余裕があるので、同時並行での対策実施で時間を稼ぎ続ける	重要課題にリソースを集中する	すべてのリソースに余裕がないので、戦力の分散を避ける。重要課題を抽出して集中的に対策を打つ

を抽出しましょう。例えば、スコープの確定とリカバリープランの詳細化なら、まずはそこに集中するのです。併せて、メンバーのリフレッシュや負荷軽減も考えましょう。要員は厚めに、ただしタスクは薄めにして、見通しやリスクを評価するゆとりを作り出します。

非常時に大事なことは、プロジェクトに「先が見える」「これならできる」状態を取り戻すことです。くれぐれも、一つのデスマーチを、別のデスマーチに変えないようにしましょう。

表8-1に、平常時と非常時のマネジメントのポイントをまとめておきます。参考にしてください。

> **まとめ**
>
> - 平常時は時間を無駄に食いつぶしやすく、非常時は時間のなさに追われて、有効な手を打てなくなる。
> - 平常時だからとメンバーに任せきりにせず、判断基準や作業計画の具体化を行う。
> - 非常時は、独善的な対策実施が状況をさらに悪化させる。関係者全員の意識を合わせ、対策案へのコミットを得ることを徹底する。

第9章　専任と兼任

役割を集中させ過ぎ停滞
兼任時こそ対話を増やそう

「専任PMだからメンバーには負担をかけない」。その気遣いが停滞を招く。専任プロジェクトではメンバーの役割をあえて増やし、こまめなフォローアップで成長を促す。時間の取れない兼任プロジェクトこそ、ステークホルダーとの直接対話を増やそう。

　プロジェクトマネジャー（PM）が一つのプロジェクトに専念できるのが理想ですが、なかなかそううまくはいきません。一つのプロジェクトだけを担当する「専任」の場合と、複数のプロジェクトを掛け持ちで担当する「兼任」の場合、PMの動き方にはどんな違いがあるでしょうか。2人のPMに登場してもらい、比較してみましょう。

専任　「君らには負担をかけないよ」

　伊勢の席に、若い広川が歩み寄ってきた。
「今度のニッケイエンジニアリングの管理会計パッケージ導入、PMは伊勢さんが担当するそうですね」
　伊勢は、目を通していたプロジェクト計画書を置くと、広川に笑顔を向けた。
「君には基盤のプロジェクトリーダー（PL）をやってもらうからな。しっかり頼むよ」
　7年前の入社時から、面倒見のいい伊勢をよく知っている広川は、遠慮のない感想を述べた。
「この前のプロジェクトは、PMがあちこち掛け持ちで現場に顔を出してくれなくて参りました。その点伊勢さんなら安心です。専任できるんでしょう？」

「任せておけ」
　と、伊勢は答えた。
「このプロジェクトに専念するから、安心してもらっていいぞ。何か、気になることでもあるのか」
　見透かされたか。そう思って、広川は頭をかいた。
「前回は指揮命令系統が二重になって、苦労しましたからね。私が協力会社に出した指示と別のことをPMが言い出したり、ユーザーさんとの話を後からひっくり返されたり。今回はそんなの勘弁してくださいよ」
　広川は笑った。
「だいぶ痛めつけられたな。役割が重複しないように、ちゃんと整理するから大丈夫だ。それに、自分で現状把握をするから、報告はシンプルでいい。協力会社さんやユーザーさんともじかに話をするつもりだ。君らには負担をかけないよ」
　広川は、おどけて頭を振った。
「さすが伊勢さんだ」

　お互いをよく知っている伊勢さんと広川さん。伊勢さんが一つのプロジェクトに専念できるなら、広川さん、前のプロジェクトのように苦労しなくても済みそうです。とはいえ…。少し、先を見てみましょう。

　アプリケーション担当のPL、駒沢は、プロジェクトルームに駆け込んでくるなり、顔をしかめた。
「あれ、伊勢さんは？」
「出張です。急に、仙台のプラチナ物産さんに呼ばれたみたいですよ」
　と、広川が答える。
「あら、困ったわね。いつ帰るの？」
「明日には戻れるって言ってました。細かい事はいちいち報告しなくてもいいから、そっちで進めておけって…どうかしたんですか？」
　駒沢は、広川の隣に腰を下ろした。
「テストシナリオの件で、ユーザー部門から相談を受けたの。木村さんが、SSO

第9章　専任と兼任

の仕様が固まらないとデータを作れないって。あなた、分からない？」
「シングルサインオンなら、うちの宮田が設計してますから、今の仕様は分かりますけど」
　駒沢は、ほっとしたように顔をほころばせた。
「じゃあ、ちょっと相談に乗ってあげてくれない？」
　広川は、首を横に振った。
「でも、伊勢さんが直接総務部に相談するって言ってたから、まだ仕様が変わるかもしれませんよ」
「厄介ね。あなたから総務に現状を照会できない？」
　広川は、気が進まないようだった。
「でも、僕が勝手に動くのはまずくないですか？」
　駒沢は、顔を曇らせてため息をついた。
「それもそうね。伊勢さんが帰るまで待つしかないか。あの木村さんが、ようやく時間ができたって張り切ってるんだけど。とりあえず今の仕様で進めてもらおうか…。そういうわけにもいかないわね」
　2人のPLが顔を見合わせていると、協力会社の営業担当者である水上が駆け込んできた。
「どうも、こんにちは。伊勢さんいますか？」
　いつもの水上の大声に辟易しながら、駒沢が答えた。
「それが、出張なのよ。何かお急ぎの件ですか？」
　水上は、突っ立ったまま頭をかいた。
「ちょっと交代要員の件で伊勢さんにお願いしてたことがありまして。何も聞いてらっしゃいませんよね」
　広川が、駒沢の顔をちらりと見てから、答える。
「僕らは何もお聞きしてないですね…。お急ぎでしたら、そちらに連絡を取るように申し伝えましょうか」
　水上は、首をかしげて、しばらく考えた。
「いや、こちらから直接連絡してみますよ」
　水上が出ていくと、駒沢が広川の顔を見た。

図9-1 専任だからとPMに役割を集中しすぎると、プロジェクトが滞る

専任時の誤った認識
- 「指揮命令系統が混乱しないようにPMとPLに役割を分けよう」
- 「現状把握は自分でするので、PMへの報告はシンプルでいい」
- 「ユーザーや協力会社とのやり取りはPMだけがやればよい」

（PMの吹き出し：「PMの責任をちゃんと果たすぞ」「役割が重複しないように整理しよう」）

→ 仕様策定が停滞

見落とされたリスク
- **のりしろ不足の役割整理**　PMに役割が集中していて補佐役がいないため、プロジェクトが停滞してしまう
- **メンバー育成のチャンスを逃す**　メンバーの役割を薄くしたことで指導の場面が減り、メンバーの育成が進まない
- **一面的な判断**　PMだけがコンタクトポイントとなり、意思決定における判断が一面的になる

「交代要員って…」
　分からないのは、広川も同じだった。

　このプロジェクトは、PMの一時的不在がかなり深刻なインパクトを及ぼしているようです。伊勢さんが極力、PMとしての責任を果たそうとしているのは分かりますが、ちょっとちぐはぐなところが出ています（**図9-1**）。問題点を整理してみましょう。

のりしろ不足で「待ち」が発生

　伊勢さんは、プロジェクトの指揮命令系統が混乱しないよう、広川さんに、「自分が専念する」「役割が重複しないように整理する」と宣言していました。
　PMがPLの指示や依頼をひっくり返したり、相互に矛盾することを言い出したりすると、プロジェクトが混乱に陥ることは目に見えています。しかし、重複を排除しようとするあまり、役割が特定の人に集中してしまうと、別の問題が出てきます。意思決定の遅延に伴う効率の低下です。
　PMが一つのプロジェクトに専念できる専任の場合、この問題がないがしろになりがちです。いくら専任でも、プロジェクトのすべての局面に立ち会うわけにはいきません。出張もあり得ますし、病欠もあるでしょう。同時に複数のミーティングが開催されることもあります。
　従って、特定の人に役割を集めると、必ず「待ち」が発生します。このケースのように、仕様が確認できずテストシナリオの検討がストップする、という状態

第9章 専任と兼任

PMに役割が集中

	進捗管理	対顧客	対協力会社
PM	プロジェクトの進捗を管理する。チーム横断的な課題を解決する	対顧客折衝・交渉を行い、課題を解決する	要員管理、スキル管理、対協力会社折衝を行う
PL	チームの進捗を管理する。チーム課題を解決し、横断的な課題についてPMと相談する	なし	なし

↓ 相互補完的に「のりしろ」を作って役割を定義する

補佐的な役割を定義

	進捗管理	対顧客	対協力会社
PM	チーム進捗を評価し、プロジェクト全体の進捗を管理する。チーム横断的な課題を解決する	重要課題について、対顧客折衝・交渉に当たる	重要課題について、対協力会社折衝に当たる
PL	チームの進捗を管理する。チーム課題を解決し、横断的な課題についてPMを補佐し、解決を支援する	日常の対顧客折衝・交渉を行い、課題を解決する。横断的課題についてPMと相談して解決を図る	日常の要員管理、スキル管理、対協力会社折衝を行う。横断的課題についてPMと相談して解決を図る

PMだけで役割を果たそうとせず、チャネルを多様化しておく

図9-2 PMに役割を集中させすぎない

になるわけです。野球の守備範囲と同じように、ある程度の幅で相互カバーを考えないと、局面によっては球を受ける人がいなくなってしまいます。自分がいなくても、あるいは逆にPLがいなくても待ちが発生しないように、相互に補佐的な役割を定義して、「のりしろ」を作っておく必要があるのです（**図9-2**）。

　そのためには、チーム内の情報共有が重要です。総務の誰とどんな話をしているのか、当面はどんな前提で進めようとしているのか、といった情報を、ドキュメント化して共有しておくのです。伊勢さんがそこまでの手当てを講じていれば、広川さんは総務への確認を尻込みしないで済んだでしょうし、駒沢さんも木村さんに自信を持って説明できたはずです。

専任はメンバー育成のチャンス

　専任PMの場合、PMは自分自身の役割を厚めに、メンバーの役割を薄めに取ってしまいがちです。しかし、これは実は逆にしたほうがよい場合が多いでしょう。

その理由は、のりしろを作ることだけではありません。専任PMが置かれたときは、メンバー育成のチャンスだからです。メンバーの行動がよく見え、仮にミスや逸脱があっても大事に至らないうちに補正できるので、専任時には、メンバーに役割を大きく渡して、成長の機会を与えることができます。

伊勢さんは、「できることは自分でやる」「報告はシンプルでよい」「細かいことを報告しなくてもよい」というメッセージを出しています。育成の観点からすると、これは考えものです。むしろ、「自分でできることでも、まずは君たちにやってもらいたい」「その代わり、事後でもよいのできちんと報告しろ」と言っておくべきでした。

専任の場合は、メンバーから役割を取り上げてリスクを減らすことより、こまめな報告と、それを受けての指導によって、問題が起こらないようにするほうがよいのです。それによってメンバーが成長すれば、プロジェクトにとってもプラスだからです。PMだけが正しい判断、適切な行動を取れるというプロジェクトはもろいものです。

必要に応じて是正指示を出し、その理由を説明して、次回からはより適切な判断ができるようにメンバーをフォローアップする。これは、PMの重要な役割の一つです。特に、PMが不在のときはチャンス。フォローアップの視点を外さず、メンバーたちの成功体験に結び付けるようにするといいでしょう。

PMが「唯一の相談先」だと総合力低下

専任PMとして張り切るあまり、「協力会社やユーザーとは、自分がすべてじかに話す」という方針にしてしまったことにも疑問が残ります。その結果、総務部や協力会社の営業担当者が、「PMだけに顔を向けている」格好になってしまいました。

もともと、ステークホルダーたちから見ればPMが一番安全な話し相手です。決定に責任があり、PMが合意すれば、プロジェクトとして承認したことになるからです。流れに任せておけば、多くのステークホルダーが、PMを頼ってくることになるでしょう。それでは問題です。PMは、自分が「唯一の相談先」にならないようにコントロールする必要があります。

ステークホルダーたちが、事の大小によらず「PMに直接話すのが一番早い」とだけ思い始めると、プロジェクトの総合力は落ちてきます。ステークホルダーとのチャネルが一本になってしまうと、判断が一面的になりがちだからです。人によって、持っている情報や知識、スキルには偏りがあります。多面的な判断にするには、PMだけではなく、プロジェクト全体で、コンタクトポイントを増やしておくべきです。

　そのためには、メンバーを通して話をするのを基本にしたほうがいいでしょう。そうすれば、自然にコンタクトは密になり、メンバーとステークホルダーとの親密度や信頼感を向上させることにもつながります。

　PMに対してはオフィシャルな話しかできない場合でも、日常接している別の人には本音が出しやすくなるかもしれません。交代要員の相談など、オフィシャルには、「健康上の理由」としか言えなくても、日常的に接するメンバーには、「ユーザーのあの人と性格的に合わなくて…」といった愚痴をこぼしてくれるかもしれません。そうした情報が共有できていれば、対応策も練りやすくなるでしょう。

兼任　「めったに来られないから任せる」

　キックオフミーティングが長引いたので、食事の時間がなくなった。このまま、次の客先に向かうしかなさそうだ。戸田直子は、ショルダーバッグを肩に引っかけると、PLの角倉に話しかけた。
「よくできてたわよ、キックオフの資料」
「ありがとうございます」
　角倉は、顔をほころばせた。
「事前に見ていただければよかったんですが、ギリギリになっちゃって」
　戸田は、四つのプロジェクトのPMを兼任している。角倉がPLを務めるプラチナ興産の取引先管理システム構築プロジェクトもその一つだ。
「せいぜい週に1回しか顔を出せないから、角倉さんが頼りよ。任せてばかりで悪いわね」
　目の隅で、ユーザー側の取りまとめ担当者、清水副長を気にしながら、戸田は

両手を合わせる。
　角倉の笑いが、苦笑いに変わった。
「今日もこれから五反田ですか？」
「そうなのよ。夕方には、また大手町にとんぼ帰り」
「大変ですけど、こっちも見捨てないでくださいね」
「はあい」
　戸田は生返事をした。清水副長が、顔をこちらに向けている。やばい。あの人の話が始まると長くなる。
「ごめんね。またメールするから。この状態だし、角倉さんのほうで主体的に動くようにしてね」
　飛び出して行く戸田を、角倉があきれ顔で見送った。

　あちこちのプロジェクトを駆け回る兼任PM。珍しい光景ではありません。自分はめったに来られないので、現場のPLに頼るしかない。その気持ちもよく分かります。ただでさえリスクの高い兼任型のプロジェクトがこの後どうなるのか、見てみましょう。

　現場に入った戸田は、角倉の横に座った。
「遅くなってごめんなさい。早速だけど、要件定義フェーズの進捗状況を教えてくれる？」
　角倉は、顔をしかめた。
「よくないですね。大きな課題が三つ残ってます。管理対象法人の特定と、見込み管理の要否と…」
　話の途中で、戸田は驚いたように口を挟んだ。
「えっ？見込み管理は決着がついたはずじゃ…」
　角倉が、辛抱強く説明する。
「それは、販売見込みの話です。残ってるのは、取引先候補の先行登録のことですよ」
「ふうん。それってどんな機能？」

先週、メールで連絡したんだけどなあ、そう思いながら、角倉は課題の内容を説明した。説明が遅れの原因に及んだ頃、SEの岸本が角倉に注意を促した。
「そろそろ進捗会議の時間ですよ…」
　戸田は、手首を返して時計に目をやった。
「そうね。角倉さん、悪いけど進捗と課題の説明はお願いするわね。もめそうなとこ、ある？」
「状況は共有しているので大丈夫だと思います。ただ、次フェーズの契約の件と機能絞り込みの件は、戸田さんから説明していただけるとありがたいんですが」
　戸田は、肩をすくめた。
「今日は無理。来週までに準備しておく」
　非難するような表情の角倉に向かって、戸田は得意の拝むポーズをして見せた。
「とりあえず、引き伸ばしておいて。任せるから」
「そろそろ限界ですよ。清水さんも、時間があったら戸田さんと話したいとおっしゃってました」
　角倉は、清水の顔を思い浮かべた。先週も、「戸田さんはちっともここに寄りつかないね」と皮肉を言われたばかりだ。しかし、戸田は首を横に振った。
「今日は無理なのよ。清水さんには、水曜日にまた顔を出すからって言っておいて。あ、そうそう」
　立ち上がりながら、彼女は最後の追い打ちをかけた。
「契約の件、うちのスタンスを、協力会社さんにも説明しておいて。お願いね」

　どうでしょうか。いくら兼任で忙しいといっても、これでは角倉さんも困ってしまいます。問題を整理してみましょう（**図 9-3**）。

不明確な役割と責任では主体的に動けない
　まず、戸田さんは、このプロジェクトで自分が担う役割を明確にしていません。「主体的に動け」「顧客と協力会社に働きかけよ」と、一方的にメンバーに要求するだけで、自分は何をどこまでするというメッセージが弱いのです。これが最大の問題といえます。

```
[図9-3]

吹き出し（PM の誤った認識）:
- 現場にはあまり顔を出せない
- ユーザーとのやり取りはPLに任せよう

兼任時の誤った認識:
- 「現場のPLがやるべきことを主体的に判断してくれる」
- 「時間がないから課題や不明点は現場で直接説明してもらおう」
- 「ユーザーや協力会社とのやり取りは現場のリーダーに任せよう」

→ 機能の絞り込みが進まない

見落とされたリスク:
- 役割と責任の不明確化
  PMの役割をはっきりさせていないため、メンバーは何をすればよいか分からなくなる
- 現場での時間の無駄使い
  事前にできる確認を怠り、現場での調整や決断に使う時間を無駄にしてしまう
- ステークホルダーとの接触不足
  時間がないからとステークホルダーとの接触を避けた結果、信頼関係を失ってしまう
```

図9-3 兼任で時間がないからと、現場のリーダーに任せすぎてトラブルを招く

　PMが何をするか明確になっていないと、メンバーの不安をあおるだけです。極論すれば、PMが看板だけで何もしないと分かっていれば、メンバーとしてまだ動きようがあります。しかし、「来週までに準備しておく」「水曜日に顔を出す」などと曖昧なことだけ言われると、どうしていいか分からなくなります。

　兼任PMの場合、メンバーとの接触時間がどうしても短くなります。お互いの顔や行動が見えないわけですから、専任の場合以上に、守備範囲をはっきり宣言して、離齟（そご）が出ないようにする必要があるでしょう。

　そして、行動を起こす場合には、メンバーに確認するのがよいでしょう。常に現場にいて、ユーザーや協力会社と接しているメンバーは、何か新しい情報を持っているかもしれません。兼任のハンディーを自覚して、個人的な情報取得の遅れを、組織の失敗に発展させないようにする必要があります。

現場で説明を受けるのは時間の無駄

　次に、戸田さんは「現場で過ごす時間」を無駄にしています。兼任PMにとって、メンバーやユーザー、協力会社と話す時間、現場を見て肌で感じる時間は貴重なもの。無駄に費やさない工夫が必要です（次ページの**図9-4**）。

　例えば、注意深くメールを読んでいれば把握できたはずの情報を、現場で一からPLに説明させるのは、いかにももったいない。そんな無駄遣いをしているから、時間がなくなってしまうのです。

　メールや電話など、その場にいなくても利用できるメディアがあります。対面

せずにできる情報収集や相談は、現場に入る前に済ませておきましょう。「他にもプロジェクトがあるから…」というのは言い訳にすぎません。自席に戻っている時間や移動中の時間など、本気になってかき集めれば、メールを読んだり電話で追加説明を求めたりする時間は捻出できるはずです。

事前に情報を収集し、評価しておけば、リカバリーの余裕ができますし、現場にいる時間は、

5月7日

9:00 ～ 9:45	移動
10:00 ～ 12:00	ABC物産進捗会議（五反田）
12:00 ～ 13:00	移動
13:00 ～ 14:30	123銀行設計会議（大手町）
14:30 ～ 15:15	移動
15:30 ～ 17:00	課長会議（本社405会議室）
18:00 ～	送別会

↓

5月7日

9:00 ～ 9:45	移動（プラチナ興産キックオフ資料確認）
	角倉さんに電話指示
10:00 ～ 11:00	ABC物産進捗会議（五反田）
11:00 ～ 12:00	移動
12:00 ～ 13:00	123銀行村内課長と昼食
13:00 ～ 14:30	123銀行設計会議（大手町）
14:30 ～ 15:30	123銀行PLと面談
15:30 ～ 16:00	移動（プラチナ興産資料再確認）
16:00 ～ 17:00	課長会議（遅刻）
17:00 ～ 18:00	ABC物産課題確認→樋口さんにメール

対面でなくてもできる仕事は現地入り前に

ステークホルダーとコンタクトする時間を捻出

図9-4 時間を有効活用する

対面での調整と決断に使えます。戸田さんは、決定を先送りにして「引き伸ばしておいてくれ」と角倉さんに頼んでいます。兼任の場合、「次にまた来たとき」というのは数日後を意味しますから、これではどんどん決定が遅れてしまいます。大まかなシナリオを決めて現場に臨み、メンバーの様子やユーザーの表情など、現場でしかつかめない情報を加味して、その場で結論を出すようにしましょう。

ステークホルダーとの接触を避けるのは最悪

戸田さんは、時間がないからとユーザーや協力会社との接触を避け、メンバーに任せようとしているようです。これは最悪の立ち回り方です。

専任PMの場合、多くの時間現場にいることが、ユーザーや協力会社のメンバーから見えています。従って、「何かあったらいつでも相談できる」という安心感があります。しかし兼任の場合にはそうではありません。どちらかといえば、「片手間でしか関わってくれていない」「別のプロジェクトのほうを優先している」といった不信感を持たれやすいといえます。

だからこそPMは、直接対話できる機会を逃さず、ステークホルダーと信頼関係を構築しなければなりません。ユーザーの担当者や協力会社のSEだけではな

表9-1 専任プロジェクトと兼任プロジェクトのポイントと考え方

要素	専任		兼任	
	ポイント	考え方	ポイント	考え方
役割分担	のりしろを作る	・自分ですべてやろうとせず、相互にカバーできるように分担する ・過度に頼られて仕事が滞ることを防ぐ	自分のすることを明確にする	・自分の責任を宣言し、部下を迷わせないようにする ・互いの行動が見えないので守備範囲を明確にする
部下へのフォロー	大きく割り当ててチェックする	・育成視点も入れて大きめに役割を渡す ・失敗体験にならないよう、こまめにチェックする ・理由や考え方を示して遂行中の成功を促す	相談して阻害しないようにする	・部下の持つ情報を尊重し、独断で行動しない ・部下の立場に配慮し、事前の連絡・相談を徹底する
ステークホルダーへのコンタクト	部下をフロントに立てチャネルを厚くする	・PMだけが窓口にならないように注意する ・コンタクトが偏らないよう、チャネルを多様化しておく ・折衝状況などの情報を共有する	直接コンタクトして信頼感を維持する	・コンタクトが薄くなりがちなので、意識して信頼関係を築く ・担当者の上司など、情報ルートを増やしておく ・インフォーマルな場も活用する
時間の使い方	情報を共有して待ち時間を減らす	・問題の滞留が発生しないよう、情報共有に時間を使う ・時にはプロジェクトから距離を置き、成長やリスクを評価する	現場での時間を有効に使う	・対面でなくてもできる情報収集や評価は現場に入る前に済ませておく ・ステークホルダーとのコンタクト時間を優先して捻出する

く、その上司や営業担当者などと、意識してコンタクトするようにしましょう。ある程度の密度の会話がないと、「このプロジェクトの成功を重要視している」というPMの真意は伝わりません。

フロントに自分以外のメンバーを立てても十分コミュニケーションが取れる専任PM以上に、兼任PMはステークホルダーのもとに足を運ぶべきです。食事や宴会などのインフォーマルな場を活用するのもいいでしょう。何といっても、兼任PMにとって、コミュニケーションの機会は潤沢にはないのですから。

表9-1に、専任のときと兼任のときのポイントをまとめておきます。参考にしてください。

> **まとめ**
> - 専任プロジェクトはPMへの役割集中がリスクになり、兼任プロジェクトはPMとメンバーがお互いの行動を把握しづらいことがトラブルを招く。
> - 専任時もメンバーには補佐的な役割を任せ、こまめな報告と指導を心掛ける。
> - 兼任時は時間を有効に使うことが不可欠。インフォーマルな場も活用してコミュニケーションを取る。

第10章　提案・企画時と遂行時

「とりあえず提案」が危険
遂行時は制約にとらわれない

「とりあえず見積もりだけ頼むよ」。そう言われて提案・企画を任されることがある。しかし提案・企画時だけの担当でも、自分が実現可能な計画を立てることが肝心だ。プロジェクトの遂行段階では、既存の制約事項に縛られ過ぎず、目的の達成を目指そう。

　提案・企画段階のプロジェクトでは、正式に任命されたプロジェクトマネジャー（PM）がアサインされていなかったり、PMがいたとしても、とりあえず見積もりを作成するだけ、という関わりだったりすることが少なくありません。提案・企画時と遂行時でのマネジメントに、どんな違いがあるでしょうか。2人のPMに登場してもらい、考えてみましょう。

提案・企画時　「とりあえず、提案までならいいか」

　桐野部長が、小宮山久恵に向かって、微笑みかけた。
「今月、ビーピー物産さんに提案する決裁管理システムなんだけど、とりあえず、小宮山さんが面倒みてやってくれないかな」
　自席でプロジェクト完了報告書をまとめているところに声をかけられた小宮山は、渋面を浮かべた。
「面倒って、PMってことですか？ワークフローシステムはあまり経験がないんですけど」
　桐野部長は、なだめるような声を出す。
「提案段階だけだよ。受注が決まったらちゃんと別のPMをアサインするから。1週間で見積もりを出さなきゃいけないんだ。営業は倉敷さん。美作（みまさか）君をツール

担当につけるから、見積もりは彼にやらせればいい。とりあえずRFP（提案依頼書）を読んで、顧客との窓口と作業管理だけやってくれればいいから。頼むよ」

やっと先週、前のプロジェクトが終わったところなのに、のんびりするわけにもいかないようだ…。

「時間がないんですね…」

「そうなんだ。悪いけど、お願いするよ」

まあいいか、と、小宮山は思った。提案までだから、当面の1週間を乗り切ればいい。美作なら、一通りの見積もりはできるだろう。契約は営業の倉敷さんに任せておけばいいし、リスクについては、コストを多めに積んでおく。倉敷さんは原価を下げてくれと泣きついてくるだろうけど、それはいつものことだ。

「分かりました」

と、小宮山はため息をつきながら答えた。

こんなふうに、提案・企画段階のPMを引き受けた経験のある方は多いのではないでしょうか。そしてなぜか、見積もりまで時間がないことが多い。このケースは、PMを置こうとするだけましな例かもしれません。これからどうなるか、先を見てみましょう。

桐野部長に呼ばれて小宮山が会議室に入ると、同期の朝倉が浮かぬ顔で座っている。どうも妙な雰囲気だ。

桐野部長が、いつもの元気な声で切り出した。

「小宮山さん、倉敷さんから聞いてると思うけど、ビーピー物産はうちが受注した。提案ご苦労さま」

警戒しながらも、小宮山はうなずいた。

「あ、はい。受注できてよかったですね」

「そう、よかったんだが…」

桐野部長は、朝倉の顔をちらりと見た。

「いくつか教えてほしいことがあってね。PMは、朝倉君にやってもらうことになっている」

小宮山が答えるより早く、朝倉が切り出した。
「まず、スコープなんですけど、データ移行について、どういう前提でした？」
　小宮山は、宙をにらんだ。制約事項の交渉は倉敷に、仕様は美作に任せていたので、即答はできない。
「確か、移行データは顧客のほうで準備してもらって移行することになってたはず。2年分だけね」
　朝倉が、顔をしかめる。
「それはいいんだけど、旧組織なんかのマスターデータも移行対象だって、お客さんが言ってるんだよ」
「え？そんなの知らない」
　旧組織マスターを移行するとなると、かなり大変なことになる。同一組織コードで複数の名称を管理する場合もあるし、廃止組織もあるので、組織マスターに履歴を持つ必要があるのだ。
　朝倉は、頭を左右に振るとあきらめたように言った。
「やっぱり、意識してなかったんだ。でも、RFPとうちの提案書を見ると、移行対象になってるとしか思えない。旧組織マスターの件は提案書にも入ってる」
　小宮山は眼を丸くした。時間がなかったため、個別契約書はもちろん、最終版の提案書にもろくに目を通していなかった。彼女は、弁解するように言った。
「どっちみち、RFPにあるんだったらやらざるを得ないわね。移行については不明点が多いと思ったから、コストを多めに積んだはずよ」
　朝倉が、苦笑いを浮かべた。
「それはそうかもしれないけど、足りるかどうか。じゃあ、もう一つ教えてください。見積もりには、マネジメントコストを7パーセントしか積んでませんね。倉敷さんとは、これで合意したんですか？」
　小宮山は、横目で桐野部長をにらんだ。そのへんの経緯は、部長にも報告してるはずじゃない。
「その倉敷さんに泣きつかれたんですよ。この価格じゃ受注できないって。開発作業効率化を前提に、工数見積もりを下げてみたけどまだ足りなくて、マネジメントコストもちょっと下げたの。標準で10パーセント以上ってのは分かってた

図10-1 提案を乗り切ればいいという、当事者意識の欠如がトラブルを招く

（図中）

PM（考え）：「提案だけ乗り切ればいい」「ちゃんと見積もりしている時間はない」

提案・企画時の誤った認識
- 「あまり時間をかけず、全体のコントロールだけすればいいだろう」
- 「制約事項は営業に交渉を任せて、コストを多めに積んでおけばいい」
- 「受注優先だからマネジメントコストを下げて見積もりを抑えておこう」

→ 遂行時の工数が膨張

見落とされたリスク
- 未確定要素の検討漏れ：RFPや提案書のチェックが不十分になり、後から工数の膨張が判明してしまう
- 制約事項が抜け落ちる：織り込むべき制約事項が抜け落ち、実現不可能な提案になってしまう
- あやふやな工数・原価：根拠のない作業効率化や管理効率化を前提にして、あやふやな見積もりをしてしまう

んですけど、部長にもベテランを配置するからって言われてましたし」

小宮山の説明に、朝倉は頭を振りながら答えた。

「再度工数を積み上げてみなければ分かりませんけど、これじゃあ全然足りないですよ」

小宮山さんの見積もりが原因で、プロジェクトには暗雲が立ち込めてきたようです。どこに問題があったのでしょうか（**図10-1**）。

主体的に考えオーバーコミットを避ける

第一の問題は、小宮山さんのスタンスです。「とりあえず…」という上司の言葉に引きずられた面があったのでしょうが、営業担当者と部下に頼って拙速に対応し過ぎてしまいました。提案書やRFPのチェックも不十分でした。

提案・企画段階では、受注や開発スタートも不確定な状態にあります。無駄になるかもしれない作業に時間をかけたくないという気持ちも分からなくはありません。しかし、提案・企画段階の検討不足やオーバーコミットは、非常に影響が大きいものです。

提案・企画段階でもPMをアサインするのには理由があります。開発時以上にリスクを織り込んでしまう危険があるため、強いコントロールが必要だからです。

スコープ、スケジュール、体制などに未確定要素を残していることの多い提案・

企画段階は、コントロール余地が大きいともいえます。営業担当者任せにしないでPMが主導権を握るほうが、良い結果につながります。開発を通じて取得したいノウハウやスキル、協力会社との関係など、開発部門でないと分からない部分もあるでしょうし、スコープ変動に対するリスクヘッジ策も、結局は自分たちの部門に降りかかってくることです。受け身にならず、主体的に考えましょう。

制約を明確化し実現可能な提案を作る

　第二に、与えられた条件の多くをそのまま受け入れてしまったことも問題です。開発部門の立場できちんと考えれば、提案の条件や必要な制約事項などを提案書に盛り込むこともできたかもしれません。小宮山さんは後になって、「RFPにあるから仕方がない」と発言しています。ここに、「とりあえずPM」という意識が端的に表れていると見てよいでしょう。

　RFPに記載してあるからといって、そのすべてを提案に織り込む必要はありません。どんなプロジェクトでも、無尽蔵なコストや期間が与えられるわけでは

実現性の乏しいRFP通りの提案

提案項目	提案内容
移行	・RFPの通り、各種マスターおよび2年分の申請データの移行を実施します。 ・申請データの移行には、パッケージが提供するコンバージョンツールを使用します。 …

↓ RFPとの相違点を明示した上で、実現可能な方法を提案する。

実現可能な提案

提案項目	提案内容
移行	・2年分の申請データの移行を実施します。 ・ワークフロー経路上の申請データについては、旧システムで決裁完了後に移行することとします。(*1) ・組織マスターについては、最新組織のみ移行対象とします。(*2) *1、*2 移行期間短縮とコスト削減のため、RFPと異なる提案としています。

図10-2 実現可能な提案をする

ありません。全部を取り込むことが、コストの肥大や期間の延長を招き、実現性を低くさせるのであれば、RFPのある事項は対象から外すことを明記した上で、より実現性の高い方法を提案すべきでしょう（**図10-2**）。

最近では発注者であるユーザーもよく分かっていて、「より良い方式があれば提案してください」とか、「RFPが妥当でない場合には、その旨明記して代案を提示ください」などという文言がRFPに記載されることも多くなっています。コストを多めに見込んでも、リスクを完全に封じることはできませんし、不可能を可能にすることもできません。「とりあえず言われた通りに」などとあきらめず、自分がPMになったときのことを考えて、実現可能な提案をしてください。

工数・原価をあやふやにしない

最後に、原価をあやふやにしてしまったところに問題がありました。価格競争力がないからという営業担当者の「泣き」に応じる形で、小宮山さんは見積もり工数を減らしています。

これは、提案・企画段階のPMとしてやってはいけないことです。なぜなら、この段階では、キックオフ時のPMも不明なら、体制も見えていないはずです。メンバーの顔が見えていれば、「このメンバーならここまでの作業効率化が可能なはずだ」という判断ができるかもしれません。しかし、提案・企画段階の「とりあえずPM」には、そんなことはできません。誰が引き継いでも、あるいはベテランぞろいの体制でなくてもできる見積もりにしておくことが、小宮山さんの務めでした。

もちろん、「重要顧客だからぜひ受注したい」という会社としての思惑もあるでしょう。しかし、それは、工数見積もりとは何の関係もありません。必要な工数・原価を客観的に弾いた上で、それでも提案するのかどうかを、組織として明確に判断すべきでしょう。

遂行時 「決まってるからやるしかない」

ニッケイ工業の生産管理システム開発のPMになってから2週間目の菅野智樹

に、山下次長が声をかけた。
「どうだい菅野君、ニッケイさんのプロジェクトは」
　菅野は、いつもの悲観的な口調で答えた。
「どうもこうもありませんよ。こんな見積もりでできるわけがないんです。アドオンは多いし、厄介な移行もある。典型的なオーバーコミットですよ。それに、どうせ仕様変更が多発するに決まってます」
　山下次長は、顔を曇らせた。
「そのあたりは、営業にも分かってたはずだがね。引き継ぎは受けたのかい？」
　菅野は、首を横に振った。
「どこからこんな工数が出てきたんでしょうかね。せめてWebブラウザーのバージョンだけでも絞っておいてくれれば、検証の手間がだいぶ省けたのに」
　山下次長は、苦笑いしながら両手を広げた。
「まあまあ、そうはいっても大事なお客さんだ。しっかり頼むよ。何かあったら相談に乗るから」
　菅野は、ふらふらと席を立ちながら言った。
「まあ、納期もコストも決まっちゃってるんで、やるしかないんですけどね。スコープがこれ以上膨れないといいんだけどなあ」
　山下次長は不安そうな目で、菅野PMを見送った。

　おやおや、菅野さんはずいぶん悲観的になってしまっているようです。提案・企画段階から関われず、誰かが作った提案や見積もりに制約されてつらいのも分かります。これからどうなるでしょうか。

　菅野が提示した詳細スケジュールに目を落としながら、ニッケイ工業のプロジェクト責任者、水落副長が首を傾げた。
「本当にこれで大丈夫なんですかね、菅野さん。移行期間は2週間弱で、リハーサルも1回だけ。評価期間も3日しかない。部品表マスターの移行もあるのに、何かあったらアウトじゃないですか」
　大丈夫じゃないと思う。その通りだ。内心の本音を押し隠しながら、菅野は、

ごくりと唾を飲み込んだ。
「はい。ですが、8月にカットオーバーするには、これでないと間に合わないです」
　水落副長がじっとスケジュールを見つめて言った。
「これまでずっと進捗遅れできましたよね。要件定義で半月、外部設計で1カ月、期間を延ばしてきた。今だって、検証が遅れているでしょう？」
「しかし、それは…」
　菅野は口ごもった。外部設計の段階で、間に合いっこないとは思った。だから、協力会社にハッパをかけるだけで、あまり現場に寄りつかなかったのだ。予想通り仕様変更が多発して、外部設計は遅れに遅れた。そのツケが、今回ってきている。もはや綱渡りだ。
　水落副長は、右手を払いのけるようにして言った。
「いや、分かってるんです。御社のせいばかりじゃない。うちの事業部門が、好き勝手な要望を出しましたからね。でも菅野さん、もう後がないでしょう」
　菅野には答えられなかった。水落副長の言う通りだ。
「心配なんですよ、菅野さん。最近、営業の大川さんもお見えにならないし」
　確かに、営業は最近寄り付かなくなった。自分も最近の状況について、情報を流していない。営業に相談したところで、どうなるものでもないと思っていた。
「計画を見直すなら、来週のステアリングコミッティーが最後のチャンスです。システムテストに入ったら、もうリカバリーのタイミングがありません」
　菅野も内心では、水落副長の言葉に同感だった。品質にはまだ懸念が残っているし、結合テストも思うように進んでいない。しかし、PMを引き受けたときから、マスタースケジュールは決まっていた。8月のカットオーバーは契約事項だから、自分のレベルでどうこうすることはできない。
　菅野は結局、平板な口調で言うしかなかった。
「大丈夫です。8月のカットオーバーは死守します」

　引き返せないところまで差し掛かっているのが分かっていながら、菅野さんはこのまま突き進むつもりのようです。どこで間違えてしまったのでしょう。

第 10 章　提案・企画時と遂行時

被害者意識を捨て、計画を詳細化

　まず非常に気になる点として、菅野さんの抱いている被害者意識があります。「前任者の見積もりがいい加減」「営業がオーバーコミットした」というのが、彼の本音のようです（**図 10-3**）。この意識がベースにあるので、「間に合いっこないと思って、現場に寄り付かなかった」という、PM にあるまじき行動につながってしまったのでしょう。

　現実のプロジェクトでは、提案・企画段階から終結まで、1 人の PM が一貫して関われるケースばかりではありません。途中から引き継ぐ場合には、当然何らかの制約を受けることになります。スコープや納期について合意済みであったり、導入する製品が決定済みであったり。「私が決めたわけじゃない」と愚痴りたくなる気持ちも分かります。それでも、「これから先の工程は、自分がプロデュースする」という気概と覚悟をぜひ持っていただきたいものです。

　そもそも、プロジェクトにとって最悪なことは何でしょうか。遅れることでも、品質が下がることでもなく、「見えない」ことです。どんなリスクがあるか見えない、遅れているのかどうか、どこに問題があるのか分からない。それが最悪なのです。

　プロジェクトを途中から引き継ぐ場合、リスクや課題がある程度見えていることが多いものです。このケースでも、「アドオンが多い」「移行がネックになる」「仕様変更が予想される」といったリスクが見えていたはずです。菅野さんは、これ

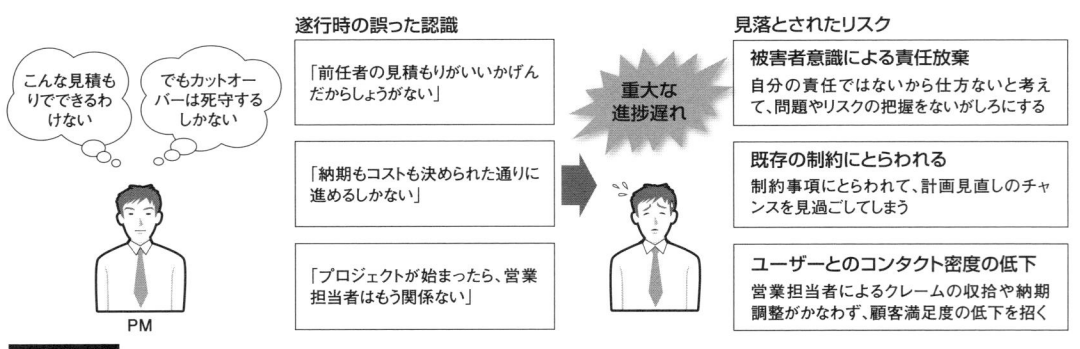

図 10-3　「前任者が悪い」という被害者意識で、プロジェクト遂行時の責任を放棄してしまう

らの見えていることについて、情報を収集し、評価し、対策を講じるべきでした。見積もり担当者や営業担当者からきちんと引き継ぎを受け、これまでの経緯はどうだったか、リスクは何でどうヘッジするつもりだったのか、ヒアリングしておくべきでした。

　それまでの作業にミスや漏れがあったとしても、なぜミスや漏れが起こったのかを把握することは無駄ではありません。オーバーコミットがあったのならなおさら、その程度や原因を知っておくべきでしょう。プロジェクトに最初から関われなかったとしても、これから立ち上がるフェーズは、自分が詳細化し、実現性を確保するのだということを忘れてはいけません。

　提案・企画での取り組みが不十分であればあるほど、キャッチアップすべき事項は多いのです。変更管理の仕組みやスコープ絞り込みの方法など、計画の詳細化によってヘッジ可能な部分は多く残っているはずです。もう走り始めているわけですから、提案・企画時以上に時間がありません。被害者意識からあきらめムードに陥っている暇はないのです。引き継いだリスクをコントロールできる進め方を考えることに、エネルギーを使いましょう。

目的達成に向けた優先事項を擦り合わせる

　制約にとらわれ過ぎないことも重要です。不確定事項の多い提案・企画段階に比べて、受注後には動かせる要素が少ないのは事実ですが、プロジェクト遂行時には、既決事項は金科玉条というわけではありません。

　菅野さんは、「納期もコストも決まっているから、これでやるしかない」「8月のカットオーバーは契約事項で動かせない」と、既決事項に凝り固まって、動きが取れなくなっているように見えます。だから、水落副長が「計画見直しの最後のチャンス」と助け船を出してきても、かたくなに「納期は死守する」としか応じられなくなっているのです。

　誤解を恐れずに言えば、既決事項や承認済みのスケジュールといえども、プロジェクトの目的・目標を達成するための手段にすぎません。例えば、「新しい生産管理システムを現場に定着させる」「そのシステムを使って、生産効率を高める」といった目的に比べれば、納期遅れは小さな問題にすぎないかもしれません。「不

目先の制約に縛られたステアリングコミッティー資料

議題	優先事項	リスク	対策案
稼働判定	8月サービスインの実現	進捗遅れ	・移行開始日程を死守する ・検証要員を増員して遅れを解消する

目的の達成に向き合ったステアリングコミッティー資料

（真に重要な目的・目標に向き合う）

議題	優先事項	リスク	対策案
稼働判定	新生産管理システムの現場への定着	初期不良による新システムへの信頼低下	品質再評価とリリーススケジュールの再検討
	部品表精度の向上による仕掛品の削減	部品表マスター移行の精度不足	トリプルチェックのための移行チェック期間の確保

（既決事項を制約とせず、最良の策を検討・合意する）

図10-4 目的の達成に向き合って最良の策を取る

備の多発で使ってもらえなくなる」とか、「部品表の移行失敗で生産ラインに支障をきたす」といった事態は、ユーザーにとって、納期遅れなどとは比較にならないほど、深刻なはずです。

従って、菅野さんは、既決事項をかたくなに守るのではなく、目的の達成に向け、最新のプロジェクトの現状に鑑みて何を優先すべきか、水落さんと真摯に擦り合わせるべきでした。水落さんの言う通り、手遅れになる前に決断を下すために、ステアリングコミッティーがあるのですから（**図10-4**）。

営業と協力し満足度を高める

最後に、営業との協力です。提案・企画段階で見積もりを出すときには、営業担当者の動きを強く意識することが多いと思います。ところが、プロジェクトがキックオフして実際の開発が動き始めると、開発チームと営業はなぜか疎遠になっていくようです。

ところがこれは、両者にとって不幸なことです。当然ですが、キックオフ後は提案時などに比べて、PMとユーザーとの接点は格段に増えます。PMはユーザーの満足度を左右する最前線の立場にいるわけです。となると、営業戦略を把握して立ち回る必要があります。また、顧客からのクレームなどがあれば、当然営業担当者がすぐに収拾に動かなければなりません。

表10-1 提案・企画時と遂行時のポイントと考え方

要素	提案・企画時 ポイント	提案・企画時 考え方	遂行時 ポイント	遂行時 考え方
未確定要素のコントロール	余地が大きいのでPMが前に出る	・以降の影響の大きさを考えて、主体的に動く ・情報収集やユーザーとのコンタクトなど、遂行段階へのレールを敷く	詳細化で不足点をカバーする	・引き継ぎを受け、リスクや問題点をヘッジするために計画を詳細化する ・被害者意識を持たず、これからできることに集中する
意思決定	拙速を避けて重要事項に時間をかける	・締め切りを意識し過ぎて焦らない ・影響の大きな重要事項に時間をかける	走り始めているのでスピードを意識する	・計画詳細化によるヘッジ策策定を、イニシアチブを取って迅速に進める
制約事項	うまくいくための条件・制約を洗い出す	・経験や知識を活用して、実現策を提案する ・RFPなどをうのみにせず、専門家として妥当な案を出す ・単にコストを多めに積むことに頼らない	プロジェクトの目的・目標に着目する	・手段としての既決事項にとらわれない ・ユーザーの立場で何が重要かを考え、目的・目標達成に向けた策を練る
営業との協力	役割を分担する	・営業折衝と工数見積もりを分離しておく ・値下げではなくアイデア出しに協力する	互恵関係で協力する	・顧客満足をリードする役割をアピールする ・プロジェクトの状況について情報連携し、必要なタイミングで動いてもらう

　顧客とのコンタクトを密にする、顧客視点で適切に判断する、将来の折衝や調整に備える、この三つの観点から、菅野さんは営業の大川さんにプロジェクトの進捗や課題に関する情報を積極的に流し、プロジェクトに引き込んでおくべきでした。

　表10-1に、提案・企画時と遂行時のマネジメントのポイントをまとめておきます。参考にしてください。

> **まとめ**
> - 提案・企画担当のPMは主体性を欠いた計画を立てやすく、プロジェクト遂行時のPMは、提案・企画の不備への被害者意識を持ちやすい。
> - 提案・企画時だけの担当でも、プロジェクト開始後の実現性を踏まえ、制約事項を考慮した計画を立てる。
> - プロジェクト遂行時は、提案・企画時の制約にとらわれず、計画の詳細化時にリスクのヘッジ策を考える。

第11章 育成モードと相談モード

育成にはコストがかかる エキスパートに頼り過ぎない

プロジェクトには、経験・知識・スキルが異なるメンバーが混在している。経験不足なメンバーの育成は、そのためのコストや工数を踏まえて計画しよう。知識が豊富なベテランに頼り過ぎると、PMの統制力は低下しトラブルを招く。

　プロジェクトチームは、さまざまなメンバーで構成されているもの。複数の会社や組織に所属していたり、国籍や言語が異なっていたりすることもあります。経験や知識、スキルも一様ではありません。そのためメンバーによって接し方を変えるのは当然です。第11章では、いわゆる育成対象のやや経験不足のメンバーと、特定の知識やスキルに長じたベテランに対するプロジェクトマネジャー（PM）の接し方を比較してみましょう。前者を「育成モード」、後者を「相談モード」と呼ぶことにします。

育成モード 「フロントには立たせないから大丈夫」

「田原君、ちょっと」
　朝倉部長は、外出先から戻ったばかりの田原を、自席前の打ち合わせスペースに導いた。
「ニッケイさんのプロジェクトメンバーの件だけどね」
　田原は、ニッケイシステムの営業管理システムレベルアッププロジェクトのPMに内定している。チームメンバーの件だと分かって、彼は笑みを浮かべた。
「こちらからも、そろそろ確認しようと思っていたところでした。城ノ内は引っ張れそうですか？」
　城ノ内というのは田原の後輩。なかなか力のあるSEで、PL（プロジェクトリー

ダー）候補の一人だった。今のプロジェクトを終えたらこちらのプロジェクトに入れてもらうよう、朝倉部長に頼んであったのだ。
　朝倉部長はうなずいた。
「喜多村開発部長と話をつけたよ。来月は掛け持ちだけど、再来月からはフルにアサインできる」
「それはありがたいです。商談管理のとりまとめができるメンバーが必要だったもんですから」
「その代わりといってはなんだが、開発部の水野君を使ってもらえないかと言われた。育成含みだ。そろそろ外販のプロジェクトを経験させたいそうだ」
「水野…確か、入社3年目でしたね」
「技術者としては優秀らしいが、あまり人当たりのいいほうじゃないようだ。引き受けられるか？」
　田原は、少し考えた。
「大丈夫でしょう。フロントに立たせずに、仕様書作成を担当してもらってもいいですし、外注の見積もりが思ったより膨らみましたから、コストの安い若手はむしろウェルカムですよ」
「じゃあ、喜多村さんにはそう返事しておくよ」
「分かりました。ニッケイさんは大事な取引先ですからね。気を引き締めていきますよ」
　頼もしげな田原の言葉に、朝倉部長は目を細めた。

　プロジェクトに、やや経験不足のメンバーを受け入れることはよくあります。「育成のため」とか、「育成含み」といった言葉も、よく耳にするところです。しかし、田原さんは育成ということを本当に理解しているでしょうか。先を見てみましょう。

「水野君の件ですが…」
　思いつめた顔の城ノ内が田原に相談に来たのは、外部設計工程に入って1週間ほどたった、ある夜のことだった。当の水野は既に帰宅している。

第 11 章　育成モードと相談モード

「どうした？」
「結論を先に言います。交代を考えてもらえませんか」
　田原は少し驚いて、城ノ内の顔を見た。
「交代？重い話だな。詳しく説明してくれ」
「少し様子を見ていたんですが、彼にはまだこのプロジェクトの設計作業は荷が重いと思うんです」
「スキルに問題があるということかい。技術力はあると聞いてたんだが…」
「技術力というより、仕事の進め方がよく分かっていないようですよ。画面設計なので細部をユーザーに問い合わせる必要があるんですが、どう質問していいかよく分からないらしく、ユーザーからは質問の意味が分からないと言われるし、そうすると本人は委縮して、未決を抱えたまま黙り込んじゃう感じで」
「そうか」
　田原は、難しい顔をして腕を組んだ。
「確かにまずいな。しかし彼は育成含みで、君に来てもらう見返りに預かったみたいなところがあるから、問題があっても交代させるのは難しいんだよ」
　城ノ内は、渋い顔をした。
「要件定義の期間を通じて業務知識だけでも習得させればよかったのかもしれませんが、私もバタバタして、結果的にはほったらかしになっていましたから。しかし、困りましたね」
「ユーザーと直接話をさせないようにするしかないね。設計の詳細を君が指示し

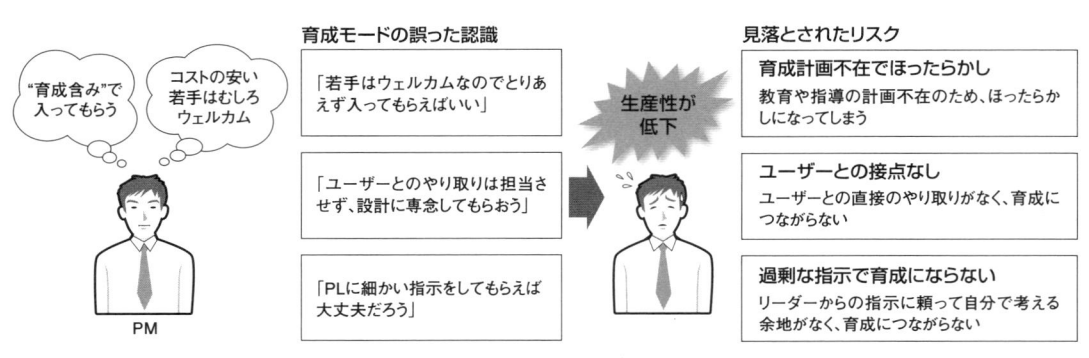

図11-1　プロジェクト内でメンバーを育成するには、きちんとした育成計画が不可欠

育成モードの誤った認識

「若手はウェルカムなのでとりあえず入ってもらえばいい」

「ユーザーとのやり取りは担当させず、設計に専念してもらおう」

「PLに細かい指示をしてもらえば大丈夫だろう」

PM
"育成含み"で入ってもらう
コストの安い若手はむしろウェルカム

生産性が低下

見落とされたリスク

育成計画不在でほったらかし
教育や指導の計画不在のため、ほったらかしになってしまう

ユーザーとの接点なし
ユーザーとの直接のやり取りがなく、育成につながらない

過剰な指示で育成にならない
リーダーからの指示に頼って自分で考える余地がなく、育成につながらない

「たらどうだろう」
「すべて手取り足取りというわけにもいきませんよ」
「必要なら僕からも直接指導するようにするから、辛抱してくれ」
「はあ」
　城ノ内は、釈然としない顔つきのままうなずいた。

　「育成含み」で預かったメンバーの生産性に問題が出てしまって、城ノ内さんはずいぶん困っているようですね。どこに問題があったのでしょう（**図 11-1**）。

育成のためのタスクを定義

　第一の問題は、育成計画の欠如です。「育成のためのアサイン」と言いながら、田原さんには水野さんをどのようにして育成するのか、具体的な計画がありませんでした。部長に打診されて、「コストの安い若手はむしろウェルカム」と考えたときに、ボタンの掛け違いが始まっています。

　当然ですが、育成にはコストがかかります。教育、指導、トレースのためのコストを想定しておかないと、育成という名の放置になってしまうでしょう。これらは必要なスキルを備えたメンバーには不要なコストですから、別立てで考慮しなければなりません。

　田原さんは、誰が教育や指導を担当するのか、どうやって結果をトレースするのかを決めて、計画に組み込んでおくべきでした。例えば、PLの城ノ内さんにやってもらうのであれば、最初からそのように役割定義をして、育成計画を組み立ててもらわなければなりません。

　PLが育成を担当するのであれば、その分工数を食われることになりますから、誰がどうやってPLをカバーするのかも決めておかなければなりません。また、育成対象要員が加わることで、もともと想定していた生産性は保てなくなります。その分の増員や効率向上策も練っておく必要があるでしょう。

　若手だからコストが下がるどころか、育成コストや生産性向上コストを計画に組み込まなければならなくなるのです。その点を、最初から朝倉部長とも擦り合わせるべきでした。コストなし、役割定義なしで走り始めたら、結果的にほった

第11章　育成モードと相談モード

役割定義

名称	役割（メイン）	名前	役割（育成）
PM	○プロジェクト全体統括 ・全体のQCDコントロール ・プロジェクト横断課題の解決推進 ・リスク管理統括 ○対顧客折衝窓口 ・全体変更管理統括 …	田原	○育成統括者 ・育成プランをレビュー・承認する ・育成状況を確認し、育成責任者を支援する
PL	○商談管理チーム統括 ・チームのQCDコントロール ・チーム横断課題の解決推進 ・チーム生産性向上策の検討・実施 ○対顧客折衝窓口 ・営業企画部要望・変更管理（一次） …	城ノ内	○育成責任者 ・育成プランを作成する ・設計思想や考え方を伝達する ・顧客要望の把握を支援する ・育成状況をトレースしてPMに報告する
サブPL	○商談管理PL補佐 ・チームのQCD状況把握・報告（一次）	倉西	○育成支援者 ・育成責任者を補佐する ・日常業務について育成対象要員を支援
SE	○商談管理画面の設計 ・顧客要望の把握と業務効率を高める画面の設計	水野	○育成対象要員 ・新鮮な視点で、商談管理画面の適切な設計に貢献する ・上流でのSEの業務を体得する

（吹き出し）体制強化や生産性向上も検討する
（吹き出し）育成上の役割を定義する
（吹き出し）育成によって手薄になる部分を埋める役割を定義しておく

図11-2 育成に関する役割を定義しておく

らかしになって、育成も進まないままプロジェクトのお荷物になってしまうことは明白です。他のタスクと同様、育成のためのタスクや役割を最初から定義するようにしましょう（**図11-2**）。

フォロー策を講じて最前線に立たせる

　第二に、本気で育成しようという意識が足りませんでした。本来育成は、プロジェクトチームとしてどんな仕事の進め方をすべきか、目標達成に向けた意思決定とはどういうものか、それを体得してもらうのが目的のはず。そうであれば、「育成要員だから」と大事な仕事を任せず過保護にするのではなく、「及ばない点もあるかもしれないが、メンバーとして目標達成に貢献してくれ。それが君の仕事だ」というメッセージを出さなければなりません。

当初田原さんは、水野さんをフロントに立たせないと考えたようですが、それでは育成になりません。事前の資料点検やシミュレーション、事後の振り返りなどのフォロー策を講じた上で、ユーザーとも接する最前線の役割を担ってもらうのが効果的でしょう。「外販プロジェクトを経験させる」という喜多村開発部長の狙いは、そもそもそういうことだったはず。育成を標榜する以上、プロジェクトの目的にも育成目標にも妥協しないことが求められます。

結論に至る考え方を教える
　第三の問題は、過剰な指示です。田原さんは、水野さんが問題を起こさないように、設計の詳細を城ノ内さんから指示させようとしました。「こうしなさい」と結論だけ伝えて、その通りにさせるのでは育成になりません。育成とは、他で応用できるスキルを身につけてもらうことです。結論ではなく、結論に至る考え方やアプローチ方法を教えるべきでしょう。
　育成のコツは、手綱を長く持つこと。自分の頭で考える余地を与えることです。例えば画面設計であれば、「このように項目を配置せよ」と指示するのではなく、「誰がどんな局面でこの画面を使うのか考えよ」「業務の頻度と物量を確かめろ」「入力ミスを少なくするには、どんな項目配置がいいのか検討せよ」「設計基準書を読め」「分からなければ、質問の仕方を工夫してユーザーに聞け」といった、考え方やアプローチ方法を示し、まず自分で考えてもらうことです。そして、考えた案に対して、またフォローする。
　事が設計でもユーザーとの接し方でも同じことです。最初は間違えても、考え方が正しければ次第にレベルが上がってくるはずです。そして、その考え方やアプローチをフォローする体制がしっかりしていれば、ユーザーにも受け入れてもらえるでしょう。

相談モード 「進め方はお任せします」

　協力会社エスエルソフトの木口は、自信たっぷりだ。
「お客様は伝統のある会社ですし、要件定義の期間が通常より短いですが、大丈

第 11 章 育成モードと相談モード

夫ですかね」

PM である熊本の問いにも、彼はよどみなく答えた。

「プロトタイプを見せながら進めますから、大丈夫でしょう。過去にも新規導入の経験があります」

熊本はほっとして、笑みを浮かべた。

「よかった。このプロジェクトは、木口さんが頼りです。よろしくお願いしますよ」

今回のBP商事の人事・給与システム更改の特徴は、短期導入だった。スパゲティ化した現行システムを廃棄し、パッケージを活用したシンプルなシステムに入れ替える。保守性を高め、将来の人材管理のレベルアップに備えるのが目的だ。プロジェクトには、人事・給与パッケージのエキスパートが必要だった。取引実績のある協力会社複数社から、最終的に木口の所属するエスエルソフトへの委託が決まったばかりだ。

「来週から、すぐにユーザーヒアリングをスタートしてもらうことになりますね」

熊本が念を押すと、木口はうなずいた。

「理解しています。ヒアリングシートは標準のものが使えるはずですから、問題ありません」

「プロジェクト計画書の詰めがあるので、私は参加できなくて申し訳ないのですが。極力、カスタマイズ範囲を膨らませないようにお願いします」

「了解です。時間がありませんので、ヒアリングの場でどんどん結論を出していくことにします」

一抹の不安を感じないでもなかったが、相手はパッケージの専門家だし、彼の進め方にあれこれ口を出して効率を落としてもいけない。何しろ期間が短いのだ。

「分かりました。進め方は木口さんにお任せしますから、どうかよろしく」

熊本は、また頭を下げた。

　PMは、必ずしもパッケージや業務の専門家ではありませんから、各分野のエキスパートに頼らざるを得ない局面はよくあります。その場合、どんなところに注意すべきでしょうか。先の展開を見てみましょう。

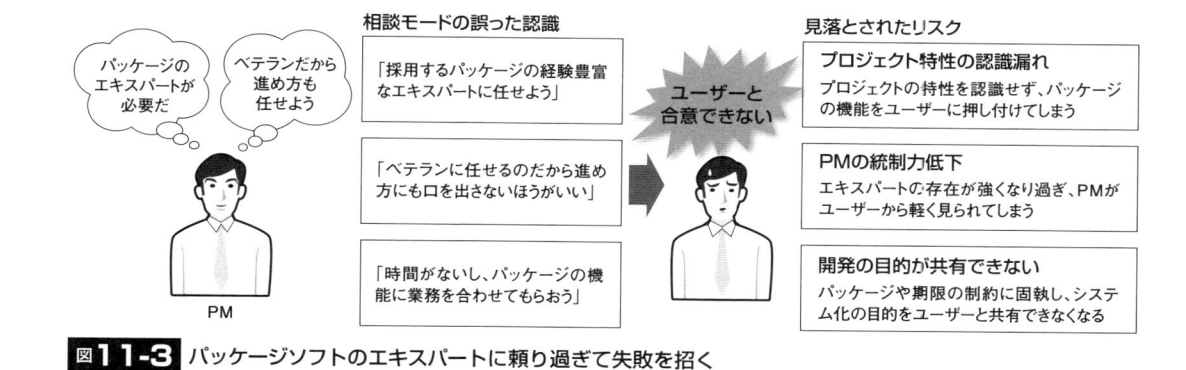

図11-3 パッケージソフトのエキスパートに頼り過ぎて失敗を招く

PMの思考:
- パッケージのエキスパートが必要だ
- ベテランだから進め方も任せよう

相談モードの誤った認識:
- 「採用するパッケージの経験豊富なエキスパートに任せよう」
- 「ベテランに任せるのだから進め方にも口を出さないほうがいい」
- 「時間がないし、パッケージの機能に業務を合わせてもらおう」

→ ユーザーと合意できない

見落とされたリスク:
- **プロジェクト特性の認識漏れ**
  プロジェクトの特性を認識せず、パッケージの機能をユーザーに押し付けてしまう
- **PMの統制力低下**
  エキスパートの存在が強くなり過ぎ、PMがユーザーから軽く見られてしまう
- **開発の目的が共有できない**
  パッケージや期限の制約に固執し、システム化の目的をユーザーと共有できなくなる

　設計会議は、険悪な雰囲気だった。BP商事の人事部次長、澤内が顔をしかめて発言した。
「再雇用時に以前の給与体系を引き継げないなんて、聞いていませんでした」
　木口が、慌てたように口を挟む。
「プロトタイプのデモの際に、ここはパッケージにフィットしていると結論が出ていたはずですが」
　澤内次長は納得しなかった。
「そんな結論は出していません。あれはただのデモでしょう？仕様決定の場だとは認識していません」
　熊本は、助け船のつもりで口を出した。
「御社では離職時にいったん退職給付を計算されるので、再雇用時には引き継ぎは不要だと…」
　澤内次長が業務も分からないのに口を出すなと言わんばかりに首を振った。
「それは、定年後再雇用と役員昇格の場合です。木口さんはお分かりでしょう？転籍後復職の場合には、当然引き継げなくてはなりません。以前の支給体系の保証は、組合との合意事項です」
　木口の額から、汗が噴き出した。
「パッケージの仕様で、それはできないのです」
　やっかいな問題だ。しかし、問題はこの件だけではない。未決課題が百近くあり、何とかケリをつけないと先に進めない。熊本が、果敢に割って入った。

第11章　育成モードと相談モード

> 「では、何とか代替策を考えてご提案するしかありませんね。木口さん、いったん持ち帰りましょう」
> 　木口は、堅い表情で答えた。
> 「代替策はありません。それに、持ち帰っている時間はないんです」
> 　にべもない口調に、澤内次長の顔が紅潮した。
> 「フィット率が高いという触れ込みだったから、パッケージを採用したんですよ。なのに、こんなにギャップが多いなんて、どういうことなんだ！」
> 　澤内次長の剣幕に、会議の場は静まり返った。熊本は口を開きかけたが、言葉は出てこなかった。

　木口さんは経験豊富なエキスパートだったはずなのに、ユーザーを本気で怒らせてしまったようです。何が失敗の原因なのでしょうか（前ページの**図 11-3**）。

進め方まで任せて責任を放棄
　第一の問題は、進め方について「お任せ」が過ぎたことでしょう。いくらエキスパートだからといって、「やり方を含めてすべてお任せ」で、初回のヒアリングにも立ち会わないというのでは、PMとして責任を放棄したと言われても仕方がありません。要件定義の進め方やプロジェクトの切り回しは、業務知識や技術知識で決めることではありません。プロジェクトの特性とリスク認識に基づいて、マネジメントの観点から作戦を立てるべきことです（**図 11-4**）。
　今回の場合であれば、パッケージの短期導入が特徴で、対象は人事・給与システム。ある程度歴史のある会社の人事・給与の体系は、入り組んでいるのが普通です。組合と交渉を重ねながら制度を構築・維持する過程で、保証措置や救済措置、例外などが積み重なっているからです。どうやら、木口さんにはその認識が欠けていたようです。
　エキスパートは、過去の実績に自信を持っていることが多いものですが、プロジェクトはそれぞれ独自性を持っていて、成功体験が役に立つとは限りません。歴史の浅い会社の新規導入なら、デモを見せてどんどんパラメーターを設定していけばよかったのでしょうが、今回は通用しませんでした。そしてそれは、木口

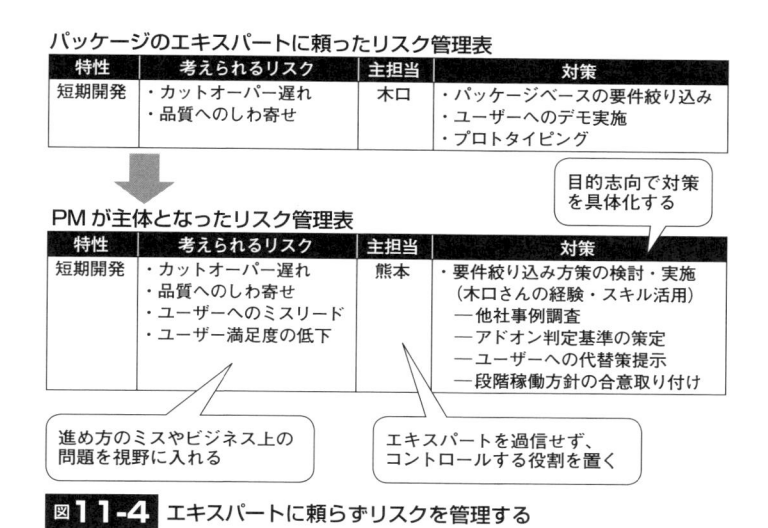

パッケージのエキスパートに頼ったリスク管理表

特性	考えられるリスク	主担当	対策
短期開発	・カットオーバー遅れ ・品質へのしわ寄せ	木口	・パッケージベースの要件絞り込み ・ユーザーへのデモ実施 ・プロトタイピング

PMが主体となったリスク管理表

特性	考えられるリスク	主担当	対策
短期開発	・カットオーバー遅れ ・品質へのしわ寄せ ・ユーザーへのミスリード ・ユーザー満足度の低下	熊本	・要件絞り込み方策の検討・実施 （木口さんの経験・スキル活用） ― 他社事例調査 ― アドオン判定基準の策定 ― ユーザーへの代替策提示 ― 段階稼働方針の合意取り付け

目的志向で対策を具体化する

進め方のミスやビジネス上の問題を視野に入れる

エキスパートを過信せず、コントロールする役割を置く

図11-4 エキスパートに頼らずリスクを管理する

さんだけの責任ではありません。

　熊本さんは最初から、ユーザーが伝統ある会社で、要件定義期間が短いことに危惧を抱いていました。つまり、リスク認識があったわけです。であれば、いきなり進め方を任せるよりも、その危惧についてエキスパートである木口さんとディスカッションし、経験と知識を生かすべきでした。「とにかくカスタマイズを増やさないように」とお願いするのではなく、「制度が複雑で割り切りが進まない可能性はないか」「その場合、段階稼働などの代替策が取れるか」「納得感のある段階稼働案をこちらから提示することはできるか」といった質問でアイデアを引き出し、進め方を組み立てるとよかったでしょう。

統制力低下の構図を助長

　第二の問題は、PMとしての統制力の低下です。澤内次長には明らかに、木口さんだけに顔を向けている傾向が出ています。業務も分かっていないのに口を出すな、という表情で熊本さんを見ているのはその表れです。プロジェクト内にエキスパートがいると、こういう構図に陥りがちになります。その上、熊本さんは木口さんにヒアリングを任せ、現状や問題の把握を怠るなど、その構図を助長さ

せてしまいました。

熊本さんは、「再雇用時の情報引き継ぎ」について中途半端な言及をして、ユーザーににらまれています。自分に業務知識がなく、こうなるリスクがあるのは熊本さんにも分かっていたはず。では、どうすればよかったのでしょうか。

実は、プロジェクト内に他の「権威者」がいる場合こそ、PMはユーザーに対して、自分の存在感と役割をアピールし、対話のパイプを作っておく必要があります。パッケージのエキスパートなど、権威者の行動や発言は影響が大きくなります。若手メンバーの発言なら「君はよく分かっていないね」と苦笑してすむ程度の問題も、相手がエキスパートだと見過ごすことができません。権威者は、ある意味プロジェクトの代弁者とみなされるからです。

だから熊本さんとしては、木口さんからこまめに報告を受けたり、主要な会議には自ら立ち会ったりして状況を把握し、自分の存在感を示しておく必要がありました。少なくとも「何か気になることがあったら、すぐに自分に相談してください」というメッセージをユーザーに対して発信し、今回のような終盤の設計会議に先立っては、ユーザーの腹を探る機会を作っておく必要があったでしょう。

木口さんの進め方は有効なのか、ユーザーは何を危惧しているのか、木口さんとユーザーの双方から本音を聞き出し、自ら解決に動く。そういう姿勢を最初から示し、実績を積み重ねる。そうしておくことで、ユーザーは初めてPMを頼りにするようになります。

目的に立ち戻るようガイドする

第三に、共有すべき土台の喪失です。澤内次長が最後に激怒したのは、あまりにも話がかみ合わないからでしょう。「業務上困る」というユーザーの主張に対して、「仕様だからできない」と応じてしまっては、そもそも議論の土俵ができません。

「業務上困るのは分かる。一方で、短期導入も目標の一つだ。該当ケースの頻度が高くないなら、当面手作業で対応して、その後のレベルアップに回せないだろうか」だとか、「今後転籍後復職が発生する時期は、直近でいつ頃だろうか。それまで対応を先送りできないか」といった、目的を共有した上での調整が必要

表11-1 育成モードと相談モードのポイントと考え方

要素	育成モード ポイント	育成モード 考え方	相談モード ポイント	相談モード 考え方
役割定義	育成上の役割を定義する	・育成のタスクや責任を明示する ・育成コストのかけ方について合意を作る ・手を取られる部分の埋め方を考える	PMの役割を渡し過ぎない	・専門家だからと丸投げしない ・PMが立ち会うなど、早期に現況把握をする ・マネジメントの観点からリスク管理し、進め方を決める
要員管理	前向きの失敗はフォローできる。手綱を長く持ち、自分で考えてもらう	・応用できるよう、考え方やアプローチを教える ・手取り足取り細かい指示をしない	失敗すると影響が大きい。手綱を短く持ち、暴走を防ぐ	・報告・共有の頻度を上げて、状況を可視化しておく ・役割限界を明確にし、逸脱を防ぐ
対ユーザー/対顧客	貴重な機会なので積極的に関わってもらう	・リスクがあるからとユーザー/顧客とのコンタクトを回避しない ・事前の指導、事後のフォローに重点を置いてリスクを管理する ・業務視点・ユーザー視点で考えてもらう	唯一の窓口にせず、PMの影響力を残しておく	・初回など要となるタイミングで立ち会っておく ・ユーザー/顧客とのコンタクト機会を確保し、早期から腹を探る ・自らの役割をアピールし、実績を出して存在感を示す
目的・目標	目的・目標を前提に、考え方を指導する	・手段ではなく、目的指向で問いかける ・プロジェクトより育成を優先するなど、価値観を混乱させない	知識に埋もれないようPMが引き戻す	・ツールや実現策に埋没しないようリマインダーの役割を果たす ・プロジェクトの価値観について当初から共有しておく

になります。「手作業で対応するにも、履歴情報が必要だ」ということなら、情報抽出・リスト出力の簡単な仕組みを別途作って業務を回せるかもしれません。

パッケージや業務のエキスパートといえども、プロジェクトマネジメントのプロとは限りません。よく知っているだけに、機能や仕様の専門的な小道に迷い込んだ状態に陥る危険があります。プロジェクトの目的に立ち戻るようにガイドするのは、PMの役割です。

表11-1に、育成モードと相談モードのマネジメントのポイントをまとめておきます。参考にしてください。

> **まとめ**
> - プロジェクト内でのメンバーの育成は無計画でほったらかしになりやすく、エキスパートに頼り過ぎるプロジェクトでは、PMの統制力は低下する。
> - プロジェクト内で育成を考えるなら、かけるコストや教育担当者の工数も明確にした計画を立てる。
> - エキスパートの協力を得る場合、状況把握や方針の判断といった役割はPMが自ら果たす。

第12章　プロジェクトとプログラム

他のプロジェクトにも配慮
"モグラたたき"の対策はしない

「プログラムマネジメント」は、複数プロジェクトを束ねて管理すること。単一プロジェクトに責任を持つPMにも、他のプロジェクトへの配慮は不可欠だ。複数プロジェクトの管理では、共倒れ回避のための割り切りも求められる。

　「プログラムマネジメント」は、複数のプロジェクトを束ねて管理することを指しています。部門が抱えているプロジェクト群に目を光らせるラインマネジャーの活動がそうですし、掛け持ちで複数のプロジェクトを担当するプロジェクトマネジャー（PM）にとっても、プロジェクト間の要員の割り当てに頭を悩ますことはまれではないでしょう。第12章では、個別のプロジェクトを見る場合と複数のプロジェクトを見る場合で、視点がどう変わってくるかを考えてみましょう。

▶プロジェクトマネジメント　「ベテランを2人も出すなんて冗談じゃない」

「そんな…、無理ですよ」
　PMの殿村が口をとがらせてこう言うと、志摩部長は、眉間にしわを寄せた。
「まずは2週間、2人だけでいいんだが。Web系の経験は、当麻と三原にも、悪い話じゃないと思うが」
「今は…、無理です」
　同席した浦部本部長が、穏やかな口調で言った。
「殿村君、気持ちは分かるが、LYZMプロジェクトは正念場だ。私からも頼む。協力してもらえんだろうか」
　営業支援システム再構築を進めているLYZMプロジェクトが苦境にあることは分かっていた。結合テストが遅れに遅れ、ようやくシステムテストに入ったと

ころで効率上の問題が判明した。しかし、自分が担当する業績管理システム「HARMONY」だって、安穏としていられる状況ではない。殿村は2人に向かって、重い口を開いた。
「HARMONYもようやく遅れていた基本設計の未決を収束させたところなんです。詳細設計の間に、環境設定を確実に進めておかないと。メインフレーム基盤を押さえているのは、当麻と三原しかいません」
　HARMONYの基本設計の遅れはLYZMのせいだという恨みが、殿村にはある。虎の子の保守担当SE2人が、既にLYZMに引き抜かれている。この上まだ、2人を2週間も差し出せだって？冗談じゃない。
「基本設計が遅れてたなんて聞いてないぞ」
　志摩部長の言葉に、殿村は少しひるんだ。
「ほぼ順調だったんですが、少し未決が残って…」
「まあいい。単体テストはまだ先だろう？2週間ならなんとかしのげるんじゃないのか？」

　プロジェクト間で要員の取り合いになるのは、よくある話です。ラインマネジャーの要請で必要なメンバーを引き抜かれ、涙をのんだ経験のある読者も多いでしょう。これからどうなるか、見てみましょう。

　わざわざ会議室を予約して、殿村に面談を求めた当麻の言葉は、衝撃的なものだった。
「実は、退職を考えているんです」
　殿村は、驚いて当麻の顔を見つめた。当麻は困ったように顔をゆがめて、話を続けた。
「自分は専門学校時代、WebデザインとSQLをやってました。卒業してからも勉強を続けていて。でも入社して4年、ずっとホスト基盤保守の仕事で…。この先どうなるのかなって思い詰めちゃって」
　初めての話ではなかった。しかし、そんなに深刻だったとは。当麻のグループ長でもある殿村は慌てた。

第12章　プロジェクトとプログラム

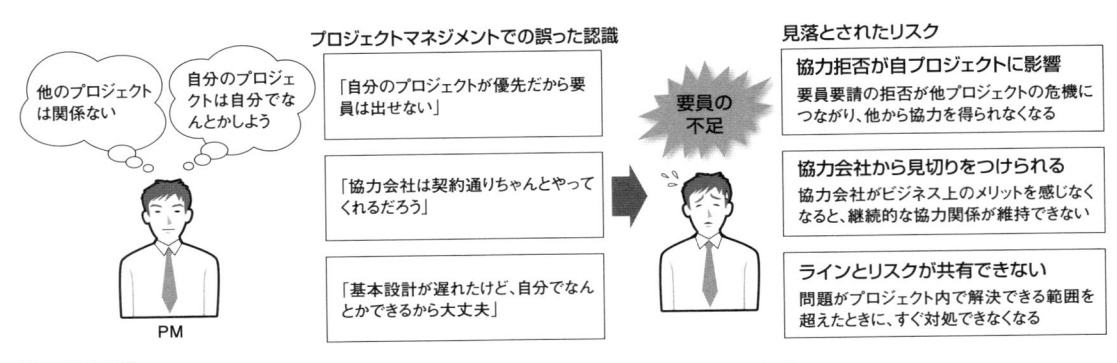

図12-1 自分のプロジェクトだけを優先すると、他からの協力を得られなくなる

（図内テキスト）
- 他のプロジェクトは関係ない
- 自分のプロジェクトは自分でなんとかしよう
- PM

プロジェクトマネジメントでの誤った認識
- 「自分のプロジェクトが優先だから要員は出せない」
- 「協力会社は契約通りちゃんとやってくれるだろう」
- 「基本設計が遅れたけど、自分でなんとかできるから大丈夫」

→ 要員の不足

見落とされたリスク
- 協力拒否が自プロジェクトに影響
  要員要請の拒否が他プロジェクトの危機につながり、他から協力を得られなくなる
- 協力会社から見切りをつけられる
  協力会社がビジネス上のメリットを感じなくなると、継続的な協力関係が維持できない
- ラインとリスクが共有できない
  問題がプロジェクト内で解決できる範囲を超えたときに、すぐ対処できなくなる

> 「今の経験も今後役立つって、話してたじゃないか」
> 「ええ。でも同じ仕事ばかりだとスキルも上がりませんし、そもそもうちのメインフレームって、あんまり世間で一般的じゃないでしょう。だから…」
> こういう話のときに、組織の論理を出してはいけないと殿村は分かっていたが、つい言葉が口をついた。
> 「そんな急に…、困るよ。今朝、協力会社のプラチナソリューションの営業が来て、熊谷さんの延長はもう無理だって言われたところなんだ。LYZMに行っている水上が戻ってくるのも、3カ月遅れる見込みだし」
> 当麻は、椅子に座ったまま頭を下げた。
> 「実はもう他社の面接を受けて、内定してるんです」
> 殿村は絶句した。すぐに志摩部長に相談しなければならないが、気が重かった。LYZMへの応援を断って以来、部長とは何となく気まずくなっているのだ。

　立て続けに人が抜ける事態に、殿村さんは困っているようです。彼は自分のプロジェクトを優先して考えました。PMにとってそれは悪いことではないはずですが、複数プロジェクトを束ねる視点、つまりプログラムマネジメントの視点で考えると、殿村さんのやり方には課題がいくつか見えてきます（**図12-1**）。

要員は専属ではなく一時的に貸し出されたもの

　まず第一に、他のプロジェクトに目を向けない態度です。母体である企業はラ

イン組織の集合体ですし、プロジェクトに割り当てられた要員は専属のものではなく、一時的にラインから貸し出されたものです。ラインから見れば、殿村さんのHARMONYプロジェクトも、全体の中の一つにすぎません。

となると、別のプロジェクトからの要員要請があったとき、かたくなに拒絶するのではなく、全体最適ということも少しは考えるべきだったでしょう。現況とリスクを考えた場合、どちらに要員を割り当てるべきか、PMの視点から少し離れて考えてみれば、別の答えが見つかったかもしれません。

それはラインマネジャー（このケースでは志摩部長。プログラムマネジャーでもある）の仕事だ、という考え方もあるでしょう。しかし全体最適の視点でみると、殿村さんが担当するHARMONYプロジェクトにとっても、以下のようなリスクがあったはずです。

・LYZMプロジェクトのリカバリーが遅れれば、HARMONYプロジェクトに復帰する予定のメンバーの戻りが遅くなるかもしれない
・基盤担当の当麻さんの不満を放置すれば、モチベーション低下や離職を招くかもしれない
・部長との関係が悪化すれば、HARMONYプロジェクトに要員を回してもらいにくくなるかもしれない

結果的に、この三つのリスクはすべて発現しました。重要なのは、こういったリスクに対処するには、単一プロジェクトでは困難だということです。要員配置は他のプロジェクトとの兼ね合いで決まるものですし、要員のキャリアパスは複数のプロジェクトで形成されます。ラインマネジャーとの信頼関係の構築・維持は、要員の確保に直接影響します。

つまり、プロジェクトからみても、要員要請に応えることのデメリットと、断ることのリスクを秤にかける必要があったわけです。必然的に、PMはプログラムマネジメントの目を持って、他のプロジェクトにも目を光らせなければならないのです（次ページの**図12-2**）。

協力会社との関係はプロジェクトより長い

第二に、ビジネスパートナーへの配慮です。協力会社から要員引き揚げの要請

自分のプロジェクトだけを考えたリスク管理表

項目	リスク	可能性/インパクト	ヘッジ策
要員引き抜き	キーパーソンの当麻と三原を抜かれる	低/大	断固拒否する
要員リリース失敗	水上が帰ってこない	低/大	断固拒否する

↓

近視眼的にならず、全体最適の視点も持つ

組織全体の影響を考えたリスク管理表

項目	リスク	可能性/インパクト	ヘッジ策
LYZMの進捗遅延による影響	HARMONYへの要員リリースが遅れる。さらなる応援要請が来る	中/大	早めに応援を出してLYZMをリカバリーする
協力会社要員の引き上げ	利益率が低いことを理由に延長を断られる	中/中	開発部長と関連事業部長に紹介し、提案機会を作ってもらう
当麻のモチベーション	新技術への取り組み意欲が、現状のモチベーションを下げる	中/大	LYZMへ参画させ、得意分野の能力開発のきっかけとする

他プロジェクトなども利用した策を検討する

図12-2 他プロジェクトの影響も考慮したリスク管理

が来たということは、先方がビジネス上のうまみを十分感じていないと考えられます。こちらが困惑するのを分かっていての要員引き揚げであれば、それはもう、「おたくとは付き合いたくありません」というサインにほかならないでしょう。

プロジェクトには期限がありますが、ビジネスは継続的なものです。取引関係が長くなれば、信頼関係は強くなり、リスクは下がります。一つのプロジェクトで契約上の責任を果たしてもらうことは重要ですが、相互にメリットがなければ、関係は長続きしません。先方が何を求めているのかを考え、プロジェクトにリスクが及ばないようにするのもPMの務めです。

日ごろから協力会社の営業担当者などと本音でコンタクトしておいて、今の契約で十分な利益が確保できていないのだとしたら、次の取引機会を作ることを心掛けたり、先方の望む業務・技術分野での引き合いを考えたりすることで、結果的にプロジェクトを守ることができます。

遅れやリスクをラインに正確に伝える

第三はラインとのリスクの共有です。そもそもLYZMプロジェクトからの応援

要請の背景には、「HARMONY は順調でリスクがない」という部長や本部長の認識があります。基本設計が遅れたことで、殿村さんには「今度こそ早めに基盤環境設定を終えて、遅れが出ないようにしなくては」という思いがありました。しかしそれは、あくまで殿村さん個人の思いにとどまっていて、ラインには伝わっていません。

　殿村さんは、遅れの事実やそれに伴うリスクを、志摩部長に伝えていなかったのでしょう。問題があると言えば上司が介入してきて面倒になるため、自分で何とかできるレベルの問題を隠しておこうとする PM は少なくありません。しかしこれは危険なことです。

　まず、もしも問題が大きくなって、PM が解決できる範囲を超えてしまった場合に、対策が遅れる原因になります。プログラムマネジャー（ラインマネジャー）が実情を理解していれば、要員の手配やユーザーとの交渉など、必要な準備を早めに進めておくことができます。しかし、いったん事が起こってからでは、できることは限られますし、効果が出るまでに時間がかかります。

　もう一つは、リスクの共有不足がプログラムマネジャーに優先順位の判断を誤らせることです。複数のプロジェクトのどれかに重大な遅れが発生したような場合、順調なプロジェクトから要員を再配置するのは当然の対策の一つです。志摩部長が、HARMONY プロジェクトの現況を正確に把握していたら、そもそも応援を求めてくることもなかったかもしれません。

　遅れやリスクについてラインに正確に伝えておき、プログラムマネジャーが対策を誤らないようにするのも、個別のプロジェクトに責任を持つ PM の役割です。

プログラムマネジメント 「火を噴いてるほうを優先するしかない」

　プロジェクトを四つも掛け持ちしていると、毎日どれかが火を噴いてくる。最近プログラムマネジメントという言葉を覚えたばかりの PM、久保田がそんなことを考えていると、計ったようにスマホが鳴った。担当プロジェクトの一つ、ニッケイ倉庫の新経理システム構築プロジェクトでプロジェクトリーダー（PL）を務める串本だ。

第12章　プロジェクトとプログラム

「駄目です。システムテストが迫っているのに、シングルサインオンがまるで動かないんです」
　串本の悲痛な言葉に、久保田は顔をしかめた。
「シングルサインオンの件なら、ツールベンダーのサポート窓口に連絡しろって言っただろう」
「あれからすぐ連絡して、要求された通り、しこたまログを送りましたよ。でもお手上げだそうで。ベンダー環境では再現しないし、そんな事例は出てないって言うんです。セッション管理の設定がおかしいんじゃないかって。そう言われても、私にはセッション管理なんて分からないし…」
「じゃあ、基盤の森本に解析させればいいだろ」
「久保田さん、忘れたんですか？森本さんは、シロカネ商事に応援に行ってるんですよ」
　久保田は舌打ちした。シロカネ商事の生産管理システムも、抱えているプロジェクトの一つだ。新人のSQLコーディングが原因でパフォーマンスに問題が出たので、応援に森本を出したのを忘れていた。
　串本が情けない声で続けた。
「システムテストの開始は来週ですよ。シングルサインオンは今回の目玉の一つだから、間違いなく動かしてくれって、さっきも大木次長が…」
　久保田は必死で頭を回転させた。シロカネ商事から森本を呼び戻すのは無理。BP物流の経費精算は遅延に次ぐ遅延で、やっとユーザーにスケジュール変更の合意を取りつけたところだ。となると…。
「システムズ企画に行っている小山に来てもらおう。あそこはまだ立ち上げ前だから」
「大丈夫ですか？あそこもキックオフに備えて、みんな帰りが遅いようですけど」
　他人事のような串本の口調に、久保田はムッとした。
「火を噴いてるほうを優先するしかないだろうが」
　乱暴に電話を切った久保田は、ため息をついた。
　あーあ、全く自転車操業だよ。要員不足のプロジェクトを四つも掛け持ちしていて、どれ一つ安泰なものはないんだから。

複数のプロジェクトを束ねる立場に立った久保田さん、なかなか苦戦しているようです。優先順位を考えて、プロジェクト間の要員の割り当てを決めていくのですから、小規模ながらプログラムマネジメントの初歩といってよさそうです。先を見てみましょう。

　　貴志川部長は、穏やかな声で質問した。
「今、動かせる要員は限られている。君はどのプロジェクトを優先して対処すべきだと思う？」
　　久保田としては、考えるまでもなかった。
「BP物流さんですね。既に遅れが2カ月を越えています。進め方と品質についてもクレームが出ていて、立て直し計画を求められている状況です」
「工数ベースでは、どれだけ遅れているんだね？」
「少なくとも10人月…、いや20人月かな、もっとかもしれません。進捗管理表が追い付いていなくて」
　　貴志川部長は、腕を組んだ。
「ふうむ。で、品質のほうは？」
「未解決のバグが、分かっているだけで160。その他に、各担当が抱え込んでいるものがだいぶあるようです」
「なるほど。何人いればリカバリーできる？」
「5人もいれば、だいぶましになると思います」
　　貴志川部長は、頭を振ってから、話題を変えた。
「システムズ企画のほうはどうなんだね？」
　　四つの中では一番ましだと思っていたプロジェクトの名前が出てきたので、久保田は少し面食らった。
「あそこは、キックオフを1カ月延ばしたところですから、まだ持ちこたえられます」
「といっても、他へ人を回して実質空っぽに近くなってるんだろう？」
　　答えかけた久保田を制して、貴志川部長は続けた。
「システムズ企画に3人回す。BP物流にはPMOスタッフを1人つけるから、君

第12章 プロジェクトとプログラム

図12-3 複数プロジェクトを平等に扱おうとして失敗を招く

プログラムマネジメントの誤った認識
- 「火を噴いたプロジェクトに優先して要員を割り当てていこう」
- 「複数プロジェクトに問題があっても、それぞれ頑張って対処するしかない」
- 「まずは問題が大きいプロジェクトから対策を打っていこう」

PMの考え:
- 問題が大きいプロジェクトが優先だ
- どのプロジェクトも平等に救わないと

→ 複数プロジェクトの共倒れ

見落とされたリスク
- 目先にとらわれた「モグラたたき」対策
  現時点の問題への対策を優先し過ぎて、大きな問題を引き起こすリスクを見逃す
- 「見切り」ができず対策の幅を狭める
  全プロジェクトを平等に救うというこだわりで優先順位づけを誤り、共倒れになる
- 効果の高い対策を打てない
  リスクや問題の大きさで優先順位づけすると、効果的な対策にならない可能性がある

がリカバリーに張り付け」
　久保田の顔から、血の気が引いた。
「しかし、他のプロジェクトは…」
　慌てる久保田に、部長がさらに追い打ちをかける。
「ニッケイとシロカネのほうは、PLに任せろ。お客様には、私から話をする」
　自分が考えていたことと正反対の結論を出されて、久保田はあっけに取られた。
「あの、一体どういうことでしょう」
　貴志川部長は、笑みを浮かべた。
「今から説明する。簡単に言えば、モグラたたきではプログラムマネジメントはできないってことだよ」

　貴志川部長の方針は、久保田さんの考えとは全く違っていたようです。最近やっとプログラムマネジメントという言葉を覚えた久保田さんの考え方は、どこがまずかったのでしょうか（**図12-3**）。

「火を噴いているほうを優先」は危険

　第一の問題は、久保田さんの対策が出たとこ勝負になっていたことです。シロカネ商事で問題が出れば森本さんを派遣し、ニッケイ倉庫で問題が起これば小山さんを回す。これでは、貴志川部長の言う「モグラたたき」の状態です。目先のことにとらわれて対応を誤れば、他のもっと重要な局面にあるプロジェクトを共

倒れに追い込むことになりかねません。

　例えば、システムズ企画のプロジェクトです。ここはキックオフ前で、まだユーザーとの信頼関係も築けていなければ、課題やリスクも明確になっていないはず。キックオフの遅れは、部分的な遅れではなく全面的な遅れであると捉えれば、今は目立たなくても、この先大きな問題が出てくる可能性があります。

　それと比べて、ニッケイ倉庫のシングルサインオンの問題はどうでしょうか。いくら大木次長にくぎを刺されたといっても、冷静に考えれば、致命的とは思えません。経理システムにログオンする仕組みさえできていれば、シングルサインオン部分の検証は先送りし、システムテストを開始することはできるはずです。

　久保田さんは、「火を噴いてるほうを優先するしかない」と言いました。そもそもこの考えが危険です。目立つ動きや直近のことに目を奪われることなく、冷静にリスクとインパクトを評価する必要があります。

一つを切り捨て共倒れを防ぐことも考える

　第二に、久保田さんは抱えているすべてのプロジェクトを、平等に救おうと考えていることも問題です。だから、シロカネ商事のプロジェクトにも、ニッケイ倉庫のプロジェクトにも、問題があれば要員を割り当てようとします。複数のプロジェクトを切り回す場合、ここにこだわっていると、対策の幅を狭めます。誤解を恐れずに言うと、四つのプロジェクトが共倒れになる事態よりも、一つのプロジェクトだけが倒れて、他の三つが救われるほうがまし、という局面もあり得るのです。

　優先順位をつけるということは、何かを捨てることです。動かせる要員に制約がある場合、どこかでリスクを取らなければ、プログラムマネジメントはできません。パフォーマンス問題の解決を先送りすることや、シングルサインオンのテストを後回しすることには、当然リスクを伴います。しかし、「すべて共倒れ」の危機を回避するためには、リスクに応じて対応に強弱をつけるしかありません。

　「コーディング標準をきちんとまとめるのは後にして、当面致命的なパフォーマンス問題を解決するだけにとどめる」といった割り切りも、時には必要です。優先順位の高いプロジェクトにいったん要員を集中することが、結果的には優先

第12章 プロジェクトとプログラム

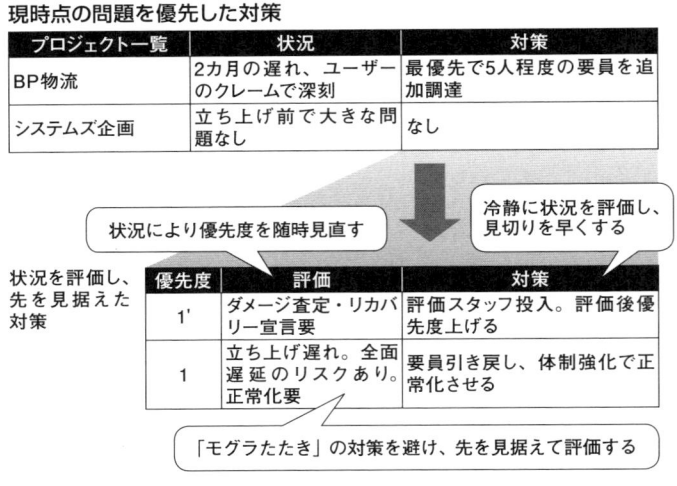

現時点の問題を優先した対策

プロジェクト一覧	状況	対策
BP物流	2カ月の遅れ、ユーザーのクレームで深刻	最優先で5人程度の要員を追加調達
システムズ企画	立ち上げ前で大きな問題なし	なし

状況を評価し、先を見据えた対策

- 状況により優先度を随時見直す
- 冷静に状況を評価し、見切りを早くする

優先度	評価	対策
1'	ダメージ査定・リカバリー宣言要	評価スタッフ投入。評価後優先度上げる
1	立ち上げ遅れ。全面遅延のリスクあり。正常化要	要員引き戻し、体制強化で正常化させる

「モグラたたき」の対策を避け、先を見据えて評価する

図12-4 複数プロジェクトの先を見据えて対策を打つ

順位を下げたプロジェクトを救うことにもつながるのだと考えてください。

ただし、プロジェクトは人が動かしているということも忘れてはいけません。当面の方針をよく説明して、モチベーションの低下や深刻なクレームなど、別のリスクが発現しないようにする配慮が必要です。

対策の効果を見極め優先順位をつける

最後に、優先順位のつけ方です。久保田さんは、「発生した問題の大きさ」から、優先するプロジェクトを決めているように見えます。だから、部長に聞かれたときに、「まずは一番遅れていて、クレームにもなっているBP物流が優先」と答えたのです。

リスクやインパクトの多寡で評価するのは間違いではありません。しかし、貴志川部長のように要員の割り当てをコントロールする立場からすれば、尺度はそれだけではありません。「要員を割り当てた場合の効果」も、キーポイントになります。

例えばBP物流のように、既に崩れているプロジェクトに要員をつぎ込んでも、そのリソースは生きません。遅れや問題の実態もつかめない状態で人が増えても、

表12-1 プロジェクトマネジメントとプログラムマネジメントのポイントと考え方

要素	プロジェクトマネジメント ポイント	プロジェクトマネジメント 考え方	プログラムマネジメント ポイント	プログラムマネジメント 考え方
視点	プログラムマネジメントの視点を持って攻める	・影響する他プロジェクトにも目を配る ・外部のステークホルダーとパイプをつなぎ、全体最適に配慮する ・単一プロジェクトだけではなく、ビジネスの継続性などを考えて交渉の幅を広げる	プロジェクトマネジメントの視点を応用して攻める	・目先のことにこだわらず、リスクやインパクトを評価する ・すべて取りこぼさないことを重視するのではなく、強弱をつける ・対策の有効性に配慮する
管理スパン	小さく短い	・プロジェクトごとの目標を意識する ・目標達成に強くこだわる	大きく継続的	・複数プロジェクトでの継続性を意識する ・すべては実現できないと割り切る
リスク管理	プロジェクトの外にも目を向ける	・リスク要因はプロジェクト内だけにあるのではないと知る ・単一プロジェクトではヘッジできないリスクもあると知る ・ライン組織やユーザー、協力会社と共有を図る	対策の期待値を意識する	・リスク受容も含めて割り切りをよくする ・効果の上がるところに要員を集中する ・個別プロジェクトの状況把握を誤らないようにする
ステークホルダー	見えているのに無視しがち	・上司、要員、協力会社など、「味方」に注意する ・PMの立場に固執せず、視点をずらして相手の関心事を考える	見えなくなりがち	・論理だけではない人の行動を相手にしていることを意識する ・プロジェクトをモノとして見ず、関わる人とのコンタクトを重視する

混乱に拍車をかけるだけです。だから部長は、開発要員ではなく、PMOスタッフを使えと指示しているのです。ダメージ査定とリカバリー宣言に移行するしかないという判断です。そして、立ち上げが遅れて大きな問題を招きかねないシステムズ企画に、要員を割り当てて正常化しようとしているのです（**図12-4**）。

プログラムマネジャーは、並走するプロジェクトをこのように切り回します。モグラたたきにならないようにリスクとインパクトを見極める。優先順位をつけてやり方を変える。効果を考えて対策を決める。本質的には、やるべきことはPMと同じなのです。

表12-1に、プロジェクトマネジメントとプログラムマネジメントのポイントをまとめておきます。

まとめ

- プロジェクトマネジメントはプログラムマネジメントの視点を持って全体最適を考慮し、プログラムマネジメントではプロジェクトマネジメントの視点で対策を打つ。
- 他のプロジェクトが自分のプロジェクトに与える影響を考慮して、リスク要因を捉える。
- 複数プロジェクトが問題を抱えているときは、いずれかのプロジェクトを見切ることも考慮する。

索引

■あ
- アプリケーション ……………………… 30
- 育成計画 ………………………………… 129
- 育成モード ……………………………… 126
- 意思決定プロセス ……………………… 14
- オーバーコミット ……………………… 117

■か
- 外注 ……………………………………… 54
- 完了基準 ………………………………… 87
- 既存ユーザー …………………………… 66
- キックオフミーティング ……………… 73
- 基盤 ……………………………………… 30
- クリティカルパス ……………………… 16
- クロージング …………………………… 78
- 契約条件 ………………………………… 67
- 検証計画 ………………………………… 39
- 現地調整 ………………………………… 37
- 現調 ……………………………………… 37
- 現場調整 ………………………………… 37
- 兼任 ……………………………………… 102

■さ
- 作業管理 ………………………………… 46
- 小規模 …………………………………… 6
- 小日程表 ………………………………… 9
- 新規 ……………………………………… 42
- 新規ユーザー …………………………… 66
- 遂行時 …………………………………… 114
- スキトラ ………………………………… 57
- スキルトランスファー ………………… 58
- スキルのミスマッチ …………………… 57
- スクラッチ ……………………………… 18
- スコープ管理 …………………………… 27
- スタンドアップミーティング ……… 10、82
- ステアリングコミッティー …………… 11
- スモールスタート ……………………… 93
- 専任 ……………………………………… 102
- 相談モード ……………………………… 126

■た
- 大規模 …………………………………… 6
- 大日程 …………………………………… 81
- 立ち上げ ………………………………… 78
- 提案・企画時 …………………………… 114

■な〜ま
- 内製 ……………………………………… 54
- のりしろ ………………………………… 105
- パッケージ ……………………………… 18
- 非常時 …………………………………… 90
- フィット＆ギャップ分析 ……………… 19
- プログラム ……………………………… 138
- プロジェクト …………………………… 138
- プロジェクト計画書 …………………… 67
- プロジェクト全体統制 ………………… 11
- 平常時 …………………………………… 90
- ベースライン …………………………… 59
- 包括性 …………………………………… 82
- 保守 ……………………………………… 42
- 目的・目標設定 ………………………… 25

■や〜わ
- 要員山積み表 …………………………… 85
- 要件定義 ………………………………… 83
- 要件定義書 ……………………………… 33
- リカバリー計画 ………………………… 98
- リーダーシップ ………………………… 94

■A〜Z
- To-Be …………………………………… 50
- WBS ……………………………………… 15

■著者

小浜 耕己 (おばま こうき)

スミセイ情報システム PMO部 統括マネージャー。住友生命保険で情報システムの開発とプロジェクト管理に従事。スミセイ情報システムに出向後、品質マネジメントシステムを担当し、全社PMOチームの立ち上げに携わる。サラリーマン稼業の傍ら小説家の顔も持つ。高校時代に書き始めて就職後にデビューした。SF、ミステリー、ホラー、ファンタジーなどフィクションの著書多数。日本SF作家クラブ会員、日本文藝家協会会員

比較でわかる プロマネ技術

2014年2月17日　初版第1刷発行

著　　者	小浜 耕己（スミセイ情報システム）
発 行 人	廣松 隆志
編　　集	日経SYSTEMS
発　　行	日経BP社
	〒108-8646
	東京都港区白金1-17-3
発　　売	日経BPマーケティング
	カバーデザイン　葉波 高人（ハナデザイン）
	デザイン・制作　ハナデザイン
	印刷・製本　　　図書印刷

ⓒ 小浜 耕己 2014　ISBN 978-4-8222-7710-9

●本書の無断複写・複製（コピー等）は著作権法上の例外を除き，禁じられています。購入者以外の第三者による電子データ化及び電子書籍化は、私的使用を含め一切認められておりません。